MÉMOIRES ET DOCUMENTS SCOLAIRES
PUBLIÉS PAR LE MUSÉE PÉDAGOGIQUE.
(2ᵉ SÉRIE.)

L'ENSEIGNEMENT

DE LA LECTURE,

DE L'ÉCRITURE ET DE LA LANGUE FRANÇAISE

DANS LES ÉCOLES PRIMAIRES,

PAR

M. I. CARRÉ,

INSPECTEUR GÉNÉRAL DE L'ENSEIGNEMENT PRIMAIRE.

Fascicule nº 27.

PARIS.
IMPRIMERIE NATIONALE.

HACHETTE ET Cⁱᵉ, ÉDITEURS,
Boulevard Saint-Germain, nº 79.

CH. DELAGRAVE, ÉDITEUR,
Rue Soufflot, nº 15.

ALPH. PICARD, ÉDITEUR,
Rue Bonaparte, nº 82.

DELALAIN FRÈRES, ÉDITEURS,
Rue des Écoles, nº 56.

ARMAND COLIN ET Cⁱᵉ, ÉDITEURS,
Rue de Mézières, nº 5.

ALC. PICARD ET KAAN, ÉDITEURS,
Rue Soufflot, nº 11.

1889.

MÉMOIRES ET DOCUMENTS SCOLAIRES
PUBLIÉS PAR LE MUSÉE PÉDAGOGIQUE.

(1re SÉRIE.)

———◦◦◦———

Sous le titre de **Mémoires et documents scolaires**, le Musée pédagogique publie, à intervalles irréguliers, des travaux ou documents intéressant l'instruction publique à ses divers degrés. Les fascicules suivants, composant la 1re série, ont déjà paru et sont en vente, à Paris : aux bureaux de la *Revue pédagogique*, librairie Ch. Delagrave, rue Soufflot, n° 15; à la librairie Hachette, boulevard Saint-Germain, n° 79; chez Alphonse Picard, libraire, rue Bonaparte, n° 82; à la librairie Delalain frères, rue des Écoles, n° 56; chez Armand Colin, éditeur, rue de Mézières, n° 5, et chez MM. Alcide Picard et Kaan, éditeurs, rue Soufflot, n° 11.

Fasc. n° 1. — *Le projet de loi sur l'organisation de l'enseignement primaire (1882-1884)*, recueil de documents parlementaires relatifs à la discussion de cette loi à la Chambre des députés. Un fort volume in-8° de xii-832 pages. Prix.... 6 fr.

Fasc. n° 2. — *Une acquisition de la bibliothèque du Musée pédagogique : Dialogus Jacobi Fabri Stapulensis in phisicam introductionem. Introductio in phisicam Aristotelis;* in-4° imprimé en 1510 par Jean Haller, à Cracovie. Étude bibliographique et pédagogique, par L. Massebieau. Une brochure in-8° de 19 pages. Prix............. 50 c.

Fasc. n° 3. — *Répertoire des ouvrages pédagogiques du XVIe siècle (Bibliothèques de Paris et des départements).* Un volume in-8° de 800 pages. Prix. 6 fr.

Fasc. n° 4. — *L'enseignement expérimental des sciences à l'école normale et à l'école primaire*, par René Leblanc. Une brochure in-8°. Prix..... 80 c.

Fasc. n° 5. — *Compte rendu officiel du Congrès international d'instituteurs et d'institutrices*, tenu au Havre, du 6 au 10 septembre 1885. Un volume in-8° de iv-211 pages. Prix.............. 2 fr.

Fasc. n° 6. — *Règlements et programmes d'études des écoles normales d'instituteurs et des écoles normales d'institutrices.* Un volume in-8° de 125 pages. Prix................ 1f 25.

Fasc. n° 7. — *Schola aquitanica : Programme d'études du collège de Guyenne au XVIe siècle*, réimprimé avec une préface, une traduction française et des notes, par L. Massebieau. Un volume in-8° de 77 pages. Prix................ 1f 80.

Fasc. n° 8. — *Instruction spéciale sur l'enseignement du travail manuel dans les écoles normales d'instituteurs et les écoles primaires élémentaires et supérieures.* Un volume in-8° de 79 pages. Prix. 70 c.

Fasc. n° 9. — *Projet d'instruction pour l'installation d'écoles enfantines modèles.* Un volume in-8° de 24 pages. Prix................. 50 c.

Fasc. n° 10. — *Le projet de loi sur l'organisation de l'enseignement primaire (1886)*, recueil de documents parlementaires relatifs à la discussion de cette loi au Sénat (1re *délibération*). Un fort volume in-8° de 586 pages. Prix......... 3 fr.

Fasc. n° 11. — *Le projet de loi sur l'organisation de l'enseignement primaire (1886)*, recueil de documents parlementaires relatifs à la discussion de cette loi au Sénat (2e *délibération*). Un volume in-8° de 391 pages. Prix............. 2 fr.

Fasc. n° 12. — *La philosophie et l'éducation; Descartes et le XVIIIe siècle*, par Georges Lyon. Une brochure in-8° de 62 pages. Prix........ 80 c.

Fasc. n° 13. — *Conférence sur l'histoire de l'art et de l'ornement*, par Edmond Guillaume. Une brochure de 135 pages. Prix............... 3 fr.

Fasc. n° 14. — *Les écoles industrielles à l'étranger* d'après les rapports de MM. Salicis et Jost. Une brochure in-8° de 104 pages. Prix....... 1 fr.

Fasc. n° 15. — *Les boursiers de l'enseignement primaire à l'étranger.* Une brochure in-8° de 72 pages. Prix.................... 50 c.

Fasc. n° 16. — *Écoles d'enseignement primaire supérieur. Historique et législation.* Une brochure in-8° de 79 pages. Prix.................. 50 c.

Fasc. n° 17. — *L'instruction publique à l'exposition universelle de la Nouvelle-Orléans*, par B. Buisson. Un volume in-8° de 295 pages. Prix.... 3 fr.

Fasc. n° 18. — *Le projet de loi sur l'organisation de l'enseignement primaire (1886)*, recueil de documents parlementaires relatifs à la discussion de cette loi à la Chambre des députés. Un volume in-8° de 308 pages. Prix............ 1f 75.

Fasc. n° 19. — *Les colonies de vacances.* Mémoire historique et statistique, par M. W. Bion, préface de F. Sarcey. Une brochure in-8° de 48 pages. Prix.................... 80 c.

Fasc. n° 20. — *Règlements organiques de l'enseignement primaire.* Un volume in-8° de 429 pages. Prix........................ 2 fr.

Fasc. n° 21. — *Bibliothèques scolaires.* Catalogue d'ouvrages de lecture. Une brochure de 120 pages. Prix..................... 75 c.

Fasc. n° 22. — *Catalogue des bibliothèques pédagogiques.* Prix.................... 50 c.

MÉMOIRES

ET

DOCUMENTS SCOLAIRES

PUBLIÉS

PAR LE MUSÉE PÉDAGOGIQUE.

(2ᵉ SÉRIE.)

L'ENSEIGNEMENT

DE LA LECTURE,

DE L'ÉCRITURE ET DE LA LANGUE FRANÇAISE

DANS LES ÉCOLES PRIMAIRES,

PAR

M. I. CARRÉ,

INSPECTEUR GÉNÉRAL DE L'ENSEIGNEMENT PRIMAIRE.

—

Fascicule n° 27.

PARIS. .

IMPRIMERIE NATIONALE.

—

M DCCC LXXXIX.

ENSEIGNEMENT
DE LA LECTURE, DE L'ÉCRITURE
ET
DE LA LANGUE FRANÇAISE.

———— >◇< ————

Pendant longtemps la lecture, l'écriture et l'orthographe furent, avec le calcul, le fond et comme le tout de l'instruction primaire; mais les réformes introduites dans notre enseignement pendant ces vingt dernières années ont considérablement élargi ce cadre primitif d'études. Dès 1867, l'histoire et la géographie y reprenaient officiellement une place que leur avait réservée en fait la loi de 1833, mais que celle de 1850 ne leur laissait qu'exceptionnellement et par tolérance. Puis sont venus la loi organique de 1882, et plus tard le décret du 18 janvier 1887, qui substituaient la langue française aux *éléments* de la langue française dans l'énumération des matières que comprend l'instruction primaire élémentaire, et qui y ajoutaient « les leçons de choses et les premières notions scientifiques, principalement dans leur application à l'agriculture, — les éléments du dessin, du chant et du travail manuel, — enfin les exercices gymnastiques et militaires ». On laisse de côté les écoles primaires supérieures qu'avait créées la loi de 1833, que la loi de 1850 avait supprimées par omission, et qui ont été rétablies par celle de 1886 avec un programme singulièrement plus large et mieux défini.

Cette extension des programmes a-t-elle nui aux matières regardées jadis comme les seules essentielles et obli-

N° 27.   1

gatoires, et notamment l'enseignement de la lecture, de l'écriture et de la langue française a-t-il subi quelque réduction du fait de ces accessions? C'est ce qu'on se propose de rechercher ici. Sans doute il sera difficile d'apporter des appréciations générales et précises tout à la fois. Il y a bien des degrés et des nuances dans la force et la marche des études primaires, quand on va du Nord au Midi, ou de l'Est à l'Ouest, et souvent ce qui est vrai ici ne l'est pas là. C'est un coup d'œil d'ensemble pourtant qu'on voudrait jeter sur la France entière; mais ce sont des impressions toutes personnelles, dues à une longue pratique de l'inspection s'exerçant sur tous les points du pays, qu'on s'est proposé de retracer et de résumer dans cette *monographie*. Nous prions qu'on veuille bien n'y pas chercher autre chose.

CHAPITRE PREMIER.
DE L'ENSEIGNEMENT DE LA LECTURE.

—

Des méthodes de lecture. — Avant tout, l'enfant doit apprendre à lire; or cette étude n'est pas si facile qu'on le croit généralement. On s'en convaincra, si l'on veut bien remarquer qu'apprendre à distinguer des sons et passer de ces sons aux lettres qui les représentent sont chose toute nouvelle pour lui, qu'il y a là un travail d'analyse et un effort de mémoire qui ne le sollicitent par aucun attrait. Si encore il y avait autant de lettres qu'il y a de sons distincts, la difficulté serait moins grande; mais d'une part il arrive qu'un même son est représenté par des lettres différentes, et que les mêmes lettres par contre représentent des sons différents; et d'autre part il y a des lettres qui tantôt se prononcent et tantôt ne se prononcent pas. Quand la chose a été rendue familière par l'habitude, elle paraît naturelle et facile; mais il n'en a pas été ainsi au début. Ils le savent bien ceux qui sont voués par métier à cette tâche ingrate d'apprendre les premiers éléments de la lecture aux enfants; et comme d'ailleurs ceux-ci sont incapables d'aucun travail personnel tant qu'ils n'ont pas triomphé de cette première difficulté, on s'explique que la question des méthodes de lecture présente un intérêt tout particulier pour les maîtres des écoles primaires et qu'ils ne cessent de rechercher les moyens les plus prompts et les plus sûrs pour amener leurs élèves à la lecture courante.

Or, si on laisse de côté toutes les variétés de détail, dues à l'imagination inventive de leurs auteurs, on trouve que les méthodes de lecture pratiquées dans nos écoles primaires se ramènent à deux : l'ancienne et la nouvelle. L'*ancienne*, décorée bien à tort du nom de méthode, car elle est l'absence même de méthode, consiste à prendre un abécédaire, c'est-à-dire un recueil de lettres rangées dans un ordre arbitraire que l'usage a consacré, mais qui n'a pour lui que son antiquité, et à les faire apprendre successivement aux enfants; puis, quand ils les savent, à les faire assembler en syllabes qui, mises à leur tour bout à bout, constituent des mots et finalement des phrases. Le malheur est que, comme les consonnes présentent un son tout autre quand on les appelle seules ou qu'on les prononce réunies à des voyelles, il ne sert à rien pour la lecture de connaître leurs noms. En réunissant les sons *bé*, *o*, *enne* et en les additionnant, on a *béoenne*, qui n'a rien de commun avec le mot *bon*. Il en résulte que le travail si pénible auquel on a contraint l'enfant pour lui faire apprendre le nom des vingt-cinq lettres de l'alphabet et savoir les reconnaître, a été en pure perte pour la lecture. Sans doute à force d'appeler les lettres, de les réunir et de les assembler de cent manières différentes, il arrive, surtout si ces assemblages correspondent à des mots qui lui sont familiers, à faire entre eux et les sons qu'ils expriment des associations qui finissent par l'amener à lire. Mais il ne lit pas, à proprement parler, il récite par cœur. L'intelligence n'a pas présidé à ce travail, sa mémoire seule a fonctionné : de là son embarras quand il lui faut lire des mots nouveaux ou des phrases qu'il n'a jamais vues.

Les défectuosités de cette méthode sont connues depuis longtemps. Elles avaient été signalées à Pascal dès 1655 par sa sœur Jacqueline, chargée d'apprendre à lire aux petites écoles de Port-Royal, et il avait posé les principes d'une autre méthode, celle qui aujourd'hui encore, quoiqu'elle date de loin, on le voit, s'appelle toujours la *nouvelle* méthode. Elle diffère de l'ancienne en ce que les lettres y conservent, quand on les appelle seules, un son aussi rapproché que possible de celui qu'elles ont quand elles sont unies à des voyelles. Ainsi elle fait dire *be, de, me, fe, se, re*, etc., au lieu de *bé, dé, effe, emme, esse, erre*, etc. De plus elle admet qu'on doit prononcer d'une seule émission de voix tout ce qui est son simple, ce son s'exprimât-il par plusieurs lettres, *ph, ch, gn, ill*, pour les consonnes, — *an, in, on, un, ou, oi*, etc., pour les voyelles, et que la décomposition de la syllabe, quand décomposition il y a, doit se faire pour l'oreille seulement et non pour les yeux; qu'on doit dire, par exemple, *be, on, bon; che, a, cha, pe, eau, peau, chapeau*. Que cette nouvelle méthode soit plus rationnelle que l'ancienne et qu'elle amène plus vite et plus facilement les enfants à la lecture courante, c'est ce qui ne fait plus question pour les maîtres qui n'ont pas de parti pris ou qui n'ont pas été inféodés par une longue habitude à l'ancienne manière de faire. Cependant on prétend que ce son *e*, ajouté uniformément à toutes les consonnes, les différencie moins que l'ancienne appellation et par suite que leur nom se retient moins facilement; d'autre part, qu'il y a avantage, même pour la lecture, à appeler chaque lettre successivement, c'est-à-dire à épeler; enfin, que si les élèves mettent un peu plus de temps pour apprendre à lire, ils ne sont pas obligés plus

tard d'étudier un second alphabet, puisque pour l'épellation des dictées ils n'ont aucune raison de ne pas se servir
de l'ancienne appellation, et que le retard qu'ils éprouvent
pour apprendre à lire est largement compensé par la facilité plus grande qu'ils ont ensuite à retenir l'orthographe.
Cette question, avant 1870, devait partager à peu près
tous les instituteurs français en deux camps bien tranchés,
et elle était de celles qui étaient débattues avec le plus
d'acharnement dans les conférences d'alors. Mais il semble
que les partisans de la nouvelle méthode aient depuis gagné
du terrain d'année en année et qu'ils fassent aujourd'hui l'immense majorité.

L'ancienne méthode a pourtant conservé des partisans :
il est tel département, dans la région de l'Ouest, où elle
est toujours préférée, même dans la ville chef-lieu, et c'est
elle qu'on rencontre le plus souvent encore dans les écoles
congréganistes, surtout dans les écoles congréganistes de
garçons.

On s'est demandé dans ces dernières années pourquoi
Pascal n'avait pas poussé plus avant; pourquoi, après avoir
établi qu'il faut étudier le son plutôt que sa représentation
écrite, il n'avait pas posé en principe qu'il convient de lire
d'abord la syllabe d'une seule émission de voix, sauf à y
remarquer ensuite que, dans certains cas, un son simple
pour l'oreille se représente cependant aux yeux par plusieurs
caractères écrits. Il eût ainsi tout d'abord trouvé la méthode
phonique, généralement pratiquée au delà du Rhin et peu
connue encore dans les écoles françaises. Il faut signaler pourtant que la plupart des méthodes s'inspirent de ce principe
et que de plus, pour suppléer à ce qu'il pourrait avoir de
défectueux au point de vue de l'analyse, elles font marcher

l'écriture de front avec la lecture [1]. Celle de M. Nézondet [2], par exemple, fait d'abord prononcer les consonnes *m*, *n*, *r*, *ſ*, *v*, etc., unies à des voyelles, en une seule émission de voix : chaque consonne est exprimée par l'espèce de sifflement ou de roulement qui lui est propre et on l'unit immédiatement à la voyelle. C'est seulement ensuite que la syllabe est décomposée en ses deux éléments oraux (articulation et voix); puis, en ses éléments écrits (consonnes et voyelles). Il en est de même de la méthode Régimbeau [3]. «Pas d'épellation comme procédé d'enseignement pour la lecture, dit M. Régimbeau; mais épellation après la leçon de lecture pour l'orthographe. Alors l'épellation doit être littérale et se faire, non en partant des lettres pour remonter aux syllabes et au mot, mais au contraire en partant du mot lu d'abord couramment, pour descendre aux syllabes et aux lettres. Soit à épeler les syllabes *ba*, *bi*, *bo*, etc.; l'élève dira : *ba*, *b*, *a*; *bi*, *b*, *i*; *bo*, *b*, *o*, etc. Soit le mot solitude; l'élève fera entendre : *so*, *li*, *tu*, *de*; puis il dira : *so*, *s*, *o*; *li*, *l*, *i*; *tu*, *t*, *u*; *de*, *d*, *e*, sans répéter le mot après l'épellation. Si nous repoussons l'épellation comme procédé

---

[1] Si toutes les nouvelles méthodes ne recommandent pas le procédé phonique, presque toutes font marcher ensemble l'enseignement de la lecture et de l'écriture : M. Cuissart, librairie Picart; M. Néel, librairie Armand Colin; M. Toussaint, librairie Delagrave; M. Christiaens, librairie Belin; M. Georgin, librairie Paul Dupont; M. Magnat, librairie Fischbacher, méthode spécialement destinée aux sourds-muets, etc. La méthode Schuler, librairie Hachette, qui est peut-être la première en date, commence même par montrer d'abord aux enfants les lettres écrites; c'est seulement quand ils savent les lire et les reproduire qu'elle leur présente les caractères imprimés. Il en est de même de la méthode Mir (enseignement de la lecture par l'écriture), à la librairie Gauguet; de celle de M. Rumeau, directeur d'école à Toulouse.

[2] Lassailly, éditeur, 13, rue de Varenne, Paris.

[3] Hachette, éditeur, 79, boulevard Saint-Germain, Paris.

d'enseignement pour la lecture, nous l'admettons au contraire comme moyen analytique pour l'orthographe. » De même on fait d'abord prononcer à l'enfant *an, in, on, un,* d'une seule émission de voix, et c'est seulement ensuite, quand on lui fait écrire ce qu'il vient de lire, qu'on lui fait remarquer que chacun de ces sons, quoique un et simple, se représente cependant par deux caractères, par deux lettres. Au fond, c'est un accident purement graphique qui fait qu'on emploie parfois plusieurs lettres en français quand une seule aurait suffi, puisque d'autres langues que la langue française expriment par une seule lettre ce que la pauvreté de notre alphabet nous force de représenter par plusieurs : le *ph* et le *ch*, par exemple, qui étaient représentés en grec par un φ et un χ, le *gn*, qui en espagnol s'écrit ñ ; l'*u*, qui en allemand et en italien se prononce quelquefois *ou*, etc. [1]. Dès lors il importe assez peu qu'on donne aux lettres leur ancien nom ou leur nom nouveau, puisque l'élève a déjà lu la syllabe quand il en étudie les éléments, et les partisans de la nouvelle méthode n'ont plus aucune bonne raison pour ne pas laisser aux lettres leur ancien nom. Comme, d'autre part, l'enfant est forcé, pour écrire la syllabe après l'avoir lue, de remarquer quelles sont les lettres qui la représentent, ainsi que l'ordre dans lequel elles sont rangées, on ne voit pas en quoi cette manière de procéder serait inférieure pour l'orthographe à l'ancienne épellation. La méthode phonique, *quand elle mène de front la*

---

[1] Aussi certaines méthodes, celle de Noël, par exemple, librairie Gédalge, et celle de Mottot, librairie Belin, réunissent-elles par un trait qui les souligne, ou par un arc de cercle, les deux ou quelquefois les trois lettres qui représentent un seul son : *ch, an, oin*, etc., pour bien marquer que ces lettres multiples n'expriment pourtant qu'un son unique.

lecture et l'écriture, concilierait ainsi les partisans de l'ancienne et de la nouvelle méthode. Aux partisans de l'ancienne elle accorde que les élèves n'apprendront qu'une fois le nom des lettres, leur nom usuel, et que, grâce à l'écriture, chaque lettre sera étudiée isolément par l'enfant; elle parle donc aux yeux en même temps qu'à l'oreille et prépare à l'étude de l'orthographe. Aux partisans de la nouvelle elle accorde que les élèves ne seront plus forcés, pour apprendre à lire, d'apprendre d'abord à nommer les lettres, puisque cette connaissance ne les aide en rien pour la lecture, et qu'ils ne décomposeront plus par l'épellation ce qui ne présente à l'oreille qu'un son simple et indécomposable. Il semble bien que ce soit là aujourd'hui la véritable orientation de l'enseignement primaire sur cette question qui a son importance, quoique élémentaire. Mais le progrès s'accomplit lentement et il faudra un long temps encore pour que cette pratique s'établisse sans conteste.

A côté de cette question de principe, en quelque sorte, et toute philosophique, il y a lieu de signaler les moyens, vraiment ingénieux parfois, imaginés pour rendre plus facile et plus attrayante cette étude des premiers éléments de la lecture. C'est d'abord le *procédé phonomimique*, imaginé par M. Gosselin en 1861 et propagé ensuite par Mᵐᵉ Pape-Carpentier. Il consiste à joindre à chaque son un geste qui le rappelle et en devient l'équivalent. L'enfant, par suite, doit accomplir un double travail, puisqu'il ne lui suffit plus de retenir seulement le signe écrit, mais qu'il lui faut encore retenir le signe mimique qui correspond à ce signe écrit et avoir reconnu le rapport plus ou moins naturel qui les unit. Mais c'est l'histoire de tous les procédés

mnémoniques, par lesquels nous associons à une chose
qui nous est familière et que nous nous rappelons sans
effort une autre chose que nous ignorons et que nous
voulons nous rappeler : quoiqu'il y ait double travail, il
peut se faire, grâce à cette association, que l'effort de
la mémoire soit moindre. La phonomimie n'a donc, au
point de vue de la lecture, que la valeur d'un procédé
mnémotechnique, et comme sa marche est fort lente,
on ne voit pas qu'elle puisse procurer un avantage bien
considérable. Mais elle donne satisfaction à ce besoin de
mouvement qui est si impérieux dans le jeune âge; elle
répand dans la classe l'animation et la vie et se prête très
bien à l'enseignement collectif; enfin elle permet, au besoin,
à des sourds-muets de participer aux exercices des enten-
dants-parlants. Ce sont toutes ces raisons sans doute qui
l'ont fait adopter dans certaines écoles maternelles, là où
l'on n'est pas forcé d'aller vite, et qui font qu'elle s'y main-
tient encore. Cependant elle ne gagne pas de terrain et il y
a bien peu d'écoles primaires où elle soit en usage. En
somme, c'est une distraction qui peut se mêler avec avantage aux exercices toujours arides de la première lecture;
mais ce n'est pas, ce ne peut être une méthode de lecture.

On peut en dire autant des *images*, qui presque toujours
aujourd'hui sont jointes aux premiers exercices de lecture.
La gravure représente un objet connu des enfants : on le
leur fait regarder et reconnaître; on leur fait dire son nom
et l'on tire de ce nom nettement prononcé un son particulier (articulation ou voix) qu'on leur fait prononcer isolément. Soit une carafe pour leur faire retenir le son de l'*f*,
un bâton pour leur faire retenir le son *on*, etc. Mais ici encore il n'y a qu'un procédé mnémonique destiné à faire

retrouver le nom de la lettre qu'on veut apprendre, en la liant à un mot familier, connu, dans lequel elle se trouve comprise. Comme la phonomimie d'ailleurs, cette pratique peut donner de l'attrait aux leçons monotones et sèches de la seule lecture.

Indépendamment des tableaux de lecture appendus à la muraille, autour desquels on a coutume de grouper les enfants et des livrets dans lesquels chaque élève retrouve en caractères réduits ce que le tableau lui a présenté en gros caractères, on a édité des *Tableaux muraux de récapitulation*, grâce auxquels le maître peut faire à des élèves de forces différentes des leçons collectives, variées et intéressantes. Le plus souvent les voyelles y sont représentées en caractères rouges et les consonnes en caractères noirs (méthode Néel). Le maître les montre successivement avec sa baguette et fait le simulacre de les réunir, pour former tel assemblage qu'il veut obtenir. Mais cette réunion est toujours quelque peu factice, puisqu'elle résulte uniquement de ce que le maître porte successivement sa baguette sur l'un et l'autre caractère. Pour rendre cette réunion plus sensible et plus effective, certains auteurs ont imaginé des tableaux où toutes les consonnes se trouvant figurées sur une colonne verticale fixe, on fait glisser, soit à droite, soit à gauche, un ruban (méthode Maître, librairie Hachette), ou une planchette (méthode Gervais, librairie Hachette), portant toutes les voyelles, ce qui permet de former à volonté toutes les syllabes directes ou inverses. D'autres ont tout simplement imaginé d'avoir des cartons mobiles dont chacun représente un des éléments contenus au tableau mural. A l'aide d'une baguette terminée par une fourche ou une pince, dans laquelle on

introduit le carton mobile, on porte successivement, tantôt
une consonne auprès de toutes les voyelles, tantôt une
voyelle auprès de toutes les consonnes (méthode Chéron,
librairie Delagrave; méthode Noël, librairie Gédalge, etc.),
et de cette façon encore on obtient à volonté la formation
de toutes les syllabes directes ou inverses, composées d'éléments monogrammes ou polygrammes.

Pour occuper matériellement les enfants en même temps
qu'on s'adresse à leur intelligence et à leur mémoire, on se
sert encore de *composteurs*. Ce sont généralement de petits
morceaux de bois ou de carton, sur chacun desquels est
gravée une lettre ou un ensemble de lettres représentant
un son unique : l'enfant les prend dans un casier et les
place sur une sorte de petit pupitre disposé *ad hoc*, pour
former les mots et même les petites phrases qu'on lui demande de composer (casiers Thollois, libr. Delagrave).
On conçoit que ce composteur se prête également bien à
l'étude des premiers éléments de l'orthographe. Après lui
avoir fait composer : *une porte, des portes*, et lui avoir montré
que le pluriel se marque dans les noms par l'addition d'un
s, on peut lui faire composer : *Pierre chante, Pierre et Paul
chantent*, où il verra que le pluriel se marque, au présent
de l'indicatif des verbes, par l'addition d'un *n* et d'un *t*.

Enfin, pour transformer le plus possible en amusement
cette étude des premiers éléments de la lecture, certains ont
imaginé de véritables jeux, semblables à des *jeux de cartes*
(M. X., instituteur à Marseille). Chaque carte porte une
image représentant quelque chose qui soit connu de l'élève :
des bœufs qui pâturent, par exemple, et aux quatre coins
de la carte, les quatre formes du b : le B imprimé majuscule, le b imprimé minuscule; le *B* majuscule en écriture

cursive et le *b* minuscule également en écriture cursive.
L'élève, qui manipule ses cartes pour trouver les lettres qui
doivent entrer dans la composition d'un mot, se familiarise
avec leurs formes diverses et ne tarde pas à se les graver
dans la mémoire, tout en se jouant. Il semble toutefois
que ce procédé doive mieux convenir pour l'éducation particulière d'un enfant à qui l'on apprend ses lettres tout en
l'amusant, que pour l'enseignement collectif de l'école. Mais
il n'y a là, pas plus que dans tous les procédés énumérés
plus haut, aucune méthode nouvelle : ce ne sont que
des moyens plus ou moins ingénieux, plus ou moins com-
modes pour amener toutes les lettres de l'alphabet sous les
yeux de l'enfant, lui apprendre à les reconnaître, à en retenir la forme et le nom. Ils prouvent surtout la grande
préoccupation qu'ont les maîtres de faciliter cette étude à
l'enfant, et sinon de la lui rendre attrayante, au moins de
lui enlever son aridité et l'ennui que forcément elle en-
gendre.

Les principes de la méthode une fois adoptés, il reste à
la composer, et ici encore les différentes manières de procéder peuvent donner lieu à des différences notables entre
une méthode et une autre méthode, fondées toutes deux
sur le même principe. Un mérite que toutes les méthodes
nouvelles s'attribuent, et qu'elles possèdent en effet à des
degrés divers, mérite par lequel en tout cas elles tranchent
sur toutes les anciennes méthodes, c'est qu'elles n'attendent
pas, pour faire lire à l'enfant des mots connus, qu'il ait
parcouru l'alphabet tout entier ni qu'il ait épuisé toute la
série des difficultés que présente l'étude des lettres. Quelques leçons seulement suffisent pour qu'on puisse lui faire
lire d'abord et décomposer ensuite des mots comme *papa,*

pipe, ami, et des phrases comme *papa fume sa pipe, Caroline
a sali sa robe.* Et s'il pouvait s'étonner autrefois qu'on le féli-
citât de savoir ses lettres, puisque cette connaissance ne le
conduisait nullement à la lecture, on ne peut disconvenir
qu'il doit au contraire se trouver singulièrement encouragé,
quand il peut ainsi constater que ses efforts sont déjà cou-
ronnés de succès. Chaque leçon amenant quelques éléments
nouveaux, on arrive vite à des combinaisons de plus en
plus variées, contenant des mots qui sont dans son vocabu-
laire usuel et qu'il est heureux de retrouver.

Un second mérite que s'attribuent également tous les faiseurs de méthodes nouvelles consiste dans une gradation
bien ménagée de toutes les difficultés qu'offre la lecture.
Mais ici on comprend que l'ordre dans lequel on fait
apprendre les lettres doit varier suivant le point de vue
particulier auquel se place chaque auteur. Les uns clas-
sent les lettres d'après la facilité plus ou moins grande
avec laquelle l'enfant prononce le son qu'elles expriment
(M. Magnat, par exemple); d'autres, se plaçant surtout au
point de vue phonique, préfèrent commencer par les consonnes sur lesquelles la voix peut se maintenir un certain
temps : *ssss*..., *rrrr*..., *ffff*..., *v, m, n, l,* etc.; d'autres encore, se préoccupant de graduer les difficultés de l'écriture,
qu'ils veulent mener de front avec la lecture, commencent
par l'*i* et par le groupe de lettres qui en dérivent : *u, t, n,
m,* etc., pour continuer par *c, o, d,* etc., s'ils font de
l'écriture cursive; par I, L, T, F, E, A, V, etc., qui sont
formées de lignes droites, s'ils veulent familiariser d'abord
leurs élèves avec la connaissance des majuscules (M. Carré,
méthode de langage, libr. Colin). Au fond, l'ordre dans lequel sont étudiés ces premiers éléments importe assez peu.

Ce qui importe davantage, c'est que les difficultés soient successives et progressives; c'est, par exemple, qu'on étudie d'abord les voyelles et les consonnes qui se représentent par une seule lettre, puis celles qui se représentent par plusieurs lettres, puis les consonnes doubles : *pl*, *bl*, *cr*, *str*, etc., et les syllabes inverses *ab*, *oc*, *our*, etc.; enfin les équivalents et les lettres nulles. C'est une préoccupation dont la marque apparaît dans toutes les méthodes nouvelles.

Par contre, un défaut qui est commun aussi à toutes les méthodes, quoique pourtant il ne soit pas également accentué dans toutes, c'est d'employer dès l'abord des mots correspondant à des choses que l'enfant ne connaît pas, à des idées abstraites ou même concrètes qu'il ne peut avoir encore et que souvent même il n'aura jamais : *azote*, *toxique*, *thoracique*, *métaphore*, *bambou*, *opportun*, *zodiaque*, etc.; c'est aussi de combiner des suites de mots qui ont la prétention de former des phrases, mais qui n'ont pour lui aucun sens : *le casino sera réparé samedi* (qu'est-ce qu'un casino? pourquoi sera-t-il réparé samedi, plutôt qu'un autre jour?); *butine à la rive; butine ta parole à la gare* (!); *devine la vérité du poème; je ranime la mule* (quelle mule?). Mieux vaut évidemment se contenter de faire lire des mots isolés, jusqu'à ce que le nombre en soit suffisant pour pouvoir exprimer des choses familières à l'enfant.

Un autre défaut encore, c'est de vouloir faire apprendre, dans des tableaux préparés *ad hoc*, toutes les irrégularités qui ne s'apprennent que par la pratique et par l'usage, et de retarder d'autant l'exercice bien autrement intéressant et utile de la lecture courante dans des livres faciles. De là ces séries de trente tableaux et plus que l'élève doit parcourir avant d'aborder la lecture dans les livres, et qui amènent le maître à former autant de groupes qu'il y a de forces différentes chez ses élèves, perdant ainsi tout le bénéfice de l'enseignement collectif. C'est au tableau noir que le maître doit expliquer et résoudre les difficultés, à mesure qu'elles se présentent : les élèves apportent alors à la démonstration qui leur est faite une attention toute particulière et se souviennent mieux de ce qui leur a été dit. Outre que certaines de ces difficultés ne peuvent se résoudre que par le sens de la phrase : ainsi « ne soyez pas si *fier* », et « il ne faut pas s'y *fier* »; « c'est le père avec ses *fils* » et « des *fils* de soie ». Ici, il faut comprendre pour bien prononcer.

En résumé, un travail considérable s'est fait sur cette humble matière depuis vingt ans; la question a été mieux étudiée, elle est mieux comprise : l'enseignement de la lecture est devenu plus rationnel, plus éducatif; et d'autre part, il conduit plus rapidement et plus sûrement l'élève au but, qui est la lecture courante; en y joignant l'enseignement de l'écriture et même de l'orthographe, on le rend plus varié et plus intéressant; par l'emploi des tableaux muraux, qui permettent des leçons collectives, on donne à celles-ci plus d'animation et de vie; par les images enfin dont on a coutume d'illustrer les méthodes, on mêle l'agrément à une étude qui, par elle-même, ne peut être qu'aride et ennuyeuse pour des enfants.

Peut-être même cette préoccupation de l'agrément est-elle excessive aujourd'hui. A force de vouloir simplifier cette étude et la rendre intéressante, on oublie son véritable objet. Ainsi les gravures dont on orne les livrets peuvent certainement aider à retenir les lettres; mais il ne faudrait pas que l'explication de l'image remplaçât la leçon. De même il est bon que l'enfant comprenne tout ce qu'il lit; mais il ne faut pas que l'explication de chaque mot se change en une leçon de choses. Ainsi en est-il encore de l'écriture. On peut certainement utiliser au profit de la lecture le goût qu'ont les enfants pour crayonner et dessiner; mais il faut pourtant que l'écriture ici reste l'accessoire. Ses difficultés n'étant pas les mêmes que celles de la lecture, on ne peut obtenir une gradation unique, qui convienne à la fois aux nécessités de l'une et de l'autre, et force est de laisser à l'écriture sa leçon spéciale. Donc, qu'on cherche à simplifier les moyens d'apprendre à lire aux enfants et à leur épargner la peine; qu'on répande dans toute cette étude de la variété et de l'intérêt, et surtout qu'on fasse souvent la leçon au tableau noir pour provoquer la surprise et raviver l'attention par des exemples bien choisis, rien de mieux. Mais qu'on procède toujours logiquement, parce qu'il importe de faire contracter tout d'abord de bonnes habitudes; qu'on ne confonde pas des procédés accessoires plus ou moins ingénieux avec les principes mêmes de la méthode; enfin, qu'on n'espère pas dispenser l'élève de tout effort personnel.

La leçon de lecture. — L'enfant lit: c'est quelque chose, c'est beaucoup; mais ce n'est pas tout. Il faut lui apprendre maintenant à *bien* lire. C'est l'objet de la leçon de lecture proprement dite.

Or il y a deux manières de faire la leçon de lecture dans nos écoles primaires. Ici le maître met entre les mains des élèves un livre quelconque, qui souvent doit leur servir pendant toute la durée de leur scolarité. On commence par le commencement; on reprend chaque jour à l'endroit où l'on s'est arrêté la veille; tous les élèves lisent à tour de rôle

IMPRIMERIE NATIONALE.

les uns à la suite des autres, dans l'ordre dans lequel ils
sont placés aux tables; le maître relève surtout les fautes
matérielles, les omissions de liaisons. Que l'enfant comprenne ou non ce qu'il lit, c'est un peu accessoire; qu'il lise
naturellement, avec l'intonation convenable, on n'en a cure.
Il ne fait que de la lecture mécanique; il déchiffre un texte.
Au conseil de revision il saura lire, ce ne sera pas un
illettré.

Ailleurs, le maître a des livres de lecture approp'iés à
ses différents cours. Encore ne se croit-il pas obligé d'y faire
lire tout. Il choisit avec soin le morceau qui doit faire l'objet
de chaque leçon; il le circonscrit : vingt lignes au plus dans
le cours élémentaire, trente lignes dans le cours moyen.
Tous les mots difficiles sont expliqués; chaque phrase est
reprise autant de fois qu'il est nécessaire pour qu'on arrive à
la bien dire. Les suspensions, les pauses, qui montrent qu'on
comprend et qui font comprendre celui qui écoute, sont
l'objet d'une attention particulière. On essaie de lire naturellement, avec le ton qui convient au sujet. C'est la lecture
intelligente.

Si maintenant nous disions que la première manière
était la manière générale avant 1870, tandis que la seconde
est celle qui a le plus de faveur aujourd'hui, nous ne
serions pas bien loin de la vérité. Sans doute il y avait
autrefois des maîtres intelligents qui suivaient d'autres erre-
ments que la masse et l'on trouverait encore aujourd'hui
bien des maîtres esclaves de la routine, qui ne connaissent
guère d'autre lecture que la lecture mécanique. Mais il
s'agit ici de l'orientation générale. Il conviendrait encore
d'ajouter que tous les maîtres non plus ne se partagent pas
nécessairement entre ces deux catégories si tranchées et que

beaucoup d'entre eux oscillent entre ces deux pôles, se rapprochant de l'un ou de l'autre, suivant qu'ils sont plus intelligents ou plus routiniers, plus zélés ou plus apathiques.

Il est à remarquer en outre que, là où la leçon de lecture se fait bien, elle varie encore suivant les différents cours de notre organisation pédagogique. Une pratique bien répandue aujourd'hui est celle qui consiste à faire lire tous les élèves simultanément, au moins dans le cours élémentaire. Voici en quoi elle consiste :

« Les élèves commencent par lire tous à la fois, en détachant les syllabes, en les scandant pour ainsi dire, mais sans aucune intonation particulière. Le maître lit avec eux, surtout dans les premiers temps; il marque la mesure et conduit le chœur en quelque sorte. Ce qu'il tâche alors d'obtenir presque uniquement, c'est l'articulation, la prononciation nette et distincte de chaque son. Ce qui importe pour le moment, ce n'est pas que l'élève comprenne, mais qu'il reconnaisse vite les lettres et qu'il retrouve les sons qu'elles représentent; c'est aussi qu'il articule bien, qu'il ne laisse dans le texte rien qui n'ait été prononcé purement et correctement.

« Le maître, ensuite, explique le texte; il s'assure, par des interrogations, que ce texte est compris dans son ensemble et dans ses détails.

« Il le lit alors lui-même avec l'intonation convenable, d'une manière accentuée et intelligente, qui fasse sentir aux élèves ce que la lecture mécanique ne leur aurait pas suffisamment fait comprendre.

« Tous les élèves, ou, s'ils sont trop nombreux, les élèves de chaque table, à tour de rôle, lisent ensemble, avec intonation cette fois, phrase par phrase, alinéa par alinéa. On leur fait répéter chaque phrase autant de fois qu'il est nécessaire pour qu'ils arrivent à la bien lire.

« Enfin, dans la crainte que certains élèves ne s'habituent trop à être soutenus par leurs camarades et à se contenter de les suivre, on en fait lire quelques-uns, à tour de rôle, individuellement. »

Les avantages de cette manière de procéder sont incontestables; elle permet de faire lire *tous* les élèves *tous* les jours; elle les occupe *tous*, ce qui rend la discipline facile; elle répand dans *toute* la classe l'animation et la vie, etc. Cependant, si elle est excellente, quand elle est bien pratiquée, elle n'aboutit, quand elle est mal entendue, qu'à une affreuse cacophonie. Ici les conseils ne suffisent pas; il faut avoir vu bien faire et avoir pratiqué soi-même pour bien faire. C'est un des exercices de conférence pratique les plus utiles qu'on puisse recommander.

Au *cours moyen*, le but de la leçon de lecture n'est plus le même. Ce qu'on y vise surtout, c'est la lecture intelligente, accentuée, faite avec l'intonation convenable. La manière de faire varie en conséquence.

« Le maître commence par lire lui-même le morceau qui fait l'objet de la leçon.

« Il explique ou fait expliquer par les élèves le sens des mots et des phrases.

« Il fait lire les élèves à tour de rôle, individuellement. Il les reprend quand ils lisent mal et fait recommencer la même phrase plusieurs fois, si c'est nécessaire, par un élève, puis par un autre, jusqu'à ce qu'elle ait été bien lue.

« Il résume et fait résumer le morceau de vive voix et en tire les divers enseignements qu'il comporte, au point de vue de l'instruction des élèves, au point de vue de la composition, au point de vue de la leçon morale qui en peut ressortir. »

Arrivés au *cours supérieur*, les élèves doivent savoir lire. La leçon de lecture n'a d'autre but que de perfectionner ce qui a été fait dans le cours moyen. Elle a pour principal objet d'accroître leur instruction et de leur inspirer le goût de la lecture personnelle.

Des livres de lecture. — Parmi les causes qui ont le plus contribué au progrès de la lecture dans nos écoles, il faut signaler l'apparition d'un grand nombre de livres spécialement composés pour cet objet et adaptés au développement intellectuel des différents cours (élémentaire, moyen et supérieur), entre lesquels se répartissent aujourd'hui tous les élèves qui fréquentent nos écoles primaires. Le temps n'est pas encore bien éloigné où les livres les plus répandus, pour la leçon de lecture, ceux qu'on trouvait presque uniquement entre les mains des élèves, dans un grand nombre d'écoles, étaient la *Doctrine chrétienne* et la *Journée du chrétien,* qui répondaient peut-être à l'objet spécial qu'avaient en vue ceux qui les avaient composés, l'instruction religieuse, mais qui étaient bien dépourvus d'intérêt pour des enfants et bien peu propres à éveiller, ainsi qu'à développer toutes leurs facultés. C'étaient encore, pour les commençants, les petits livres de Delapalme, également empreints d'un esprit religieux très prononcé et dont la vogue a insensiblement baissé depuis 1870; ceux de Paul Dupont, très pratiques, mais un peu vulgaires, qui ont vieilli et qu'on ne rencontre plus guère. C'était aussi, pour les élèves plus avancés, la *Morale pratique* de Barrau, livre instructif, mais dont certains traits supposaient, pour être compris, des connaissances historiques que n'avaient pas les élèves, que n'avaient pas toujours les maîtres eux-mêmes, et les *Lectures de Lebrun*, où se trouvait plus de variété que d'agrément ou d'intérêt [1]. Enfin on lisait aussi dans les *Lectures scientifiques de Garrigues et Boutet de Monvel*, dans des livres d'agriculture, dans des livres quelconques. Qu'importait le livre après tout, du moment où l'on n'avait en vue que la lecture matérielle ? Autant eût valu se servir de livres latins ; et de fait, la lecture du Psautier marchait de front avec la lecture du français. Le latin avait au moins l'avantage d'être plus facile pour les commençants, parce que, comme on le disait jadis, « nous le prononçons plus comme il est écrit que le français ». Il était naturel que la rénovation qui s'accomplissait suscitât des ouvrages nouveaux, qui fussent plus en harmonie avec les préoccupations du jour. Des esprits supérieurs, des professeurs du haut enseignement, cédant à ce courant de sympathie qui se manifestait partout en faveur de l'instruction primaire, ne crurent pas déroger en consacrant leur talent à la composition de livres de lecture pour les écoliers : les uns ostensiblement, les autres sous le couvert d'un anonymat qui n'est plus un mystère pour personne. Parmi ceux auxquels leur objet plus général procura une vogue universelle, il faut citer les Bruno, de la librairie Belin (le *Livre de l'enfant*, le *Livre de l'adolescent*, le

---

[1] Bien d'autres livres encore étaient en usage, quoique moins universellement répandus : la *Petite Civilité*, un traité de l'éducation prise par le petit côté ; *Simon de Nantua*, qui jouit d'une vogue momentanée et qui fut évincé par les *Récits moraux* et instructifs de Rendu ; *Petit-Jean*, un type que perfectionnèrent ceux qui l'ont suivi ; le *Choix gradué* de cinquante sortes d'écritures, dont certaines lectures présentaient un réel intérêt, mais dont l'objet était pourtant spécial, etc.

Tour de France et *Francinet*), qui forment une série complète; le *Caumont* de la librairie Delagrave, qui, outre sa partie générale, renferme des lectures géographiques appropriées à chaque département; la *Première année de lecture*, par *Guyau*, à la librairie Armand Colin, etc. D'autres ont composé des recueils de morceaux choisis empruntés à nos meilleurs écrivains et arrangés en vue du but spécial qu'ils se proposaient : *Les livres de l'école*, par Lebaigue, à la librairie Belin. Au livre de l'élève on joignit un livre du maître. D'aucuns l'ont regretté et se sont demandé si l'on ne dispensait pas trop le maître de tout travail personnel. Mais peut-être n'ont-ils pas réfléchi que le temps et les livres à consulter font souvent défaut au maître de nos écoles primaires et qu'on peut lui faciliter sa tâche, sans que sa leçon en devienne pour cela moins intéressante ou sa classe moins vivante. La question se débat aujourd'hui de savoir s'il vaut mieux pour les élèves des récits suivis ou des lectures détachées. Il est certain qu'un récit suivi, comme dans *Francinet* ou le *Tour de France*, présente tout d'abord plus d'intérêt à l'enfant, qui suit ses personnages dans toutes les péripéties par lesquelles ils passent. Mais cet intérêt n'existe, dit-on, qu'à la première lecture; à tout le moins diminue-t-il beaucoup à la répétition; et si cet attrait est nécessaire aux livres de la bibliothèque scolaire, à ceux que l'enfant doit lire seul et qu'en général il ne lit guère qu'une fois, il semble que des lectures détachées, dont chacune a un objet bien défini, conviennent mieux pour la leçon de lecture faite en classe et se prêtent davantage à ces instructions multiples que comprend le programme de l'enseignement primaire.

Quoi qu'il en soit, il y a eu sur la matière une production abondante et variée, et les maîtres n'ont vraiment aujourd'hui que l'embarras du choix parmi les publications que leur offrent les grandes librairies parisiennes.

Ils en usent largement, du reste, et l'on trouve même beaucoup d'écoles où ces livres, achetés toujours en nombre suffisant pour que chaque élève puisse avoir le sien, sont la propriété de l'école elle-même. Au moment de la leçon, le maître les remet aux élèves; la leçon terminée, il les resserre avec soin dans sa bibliothèque. Ces collections, s'augmentant d'année en année, finissent par constituer, au grand profit des élèves, un fonds d'instruction riche et aussi varié qu'on peut le désirer. Mais on trouve aussi des maîtres qui, soit faute d'argent, soit peut-être aussi faute de savoir en demander, soit enfin parce qu'ils ne sont pas bien convaincus de la nécessité d'un livre spécial pour la seconde lecture, se contentent de faire lire dans le premier livre venu, le livre d'histoire, de morale, ou de sciences naturelles le plus généralement. Peut-être ont-ils entendu dire qu'il fallait toujours, quand on le peut, « joindre ensemble deux utilités », et pensent-ils que la leçon de lecture n'en vaudra pas moins si, en outre, elle apprend à l'élève des choses qu'il lui faut étudier d'ailleurs. L'intention est louable assurément; mais il faut prendre garde que l'accessoire ne prenne la place du principal. Quand la leçon de lecture se fait dans le livre d'histoire ou de sciences, il arrive d'abord que le sujet manque bien un peu d'intérêt et que la lecture se prête moins aux intonations variées par lesquelles se manifeste la diversité des sentiments; mais surtout le maître est forcément amené, s'il veut que l'élève comprenne ce qu'il lit, à donner des explications de toutes sortes qui absorbent le temps de la leçon. Celle-ci devient alors une leçon d'histoire ou de science; mais ce n'est plus une leçon de lecture.

Des concours de lecture. — Il s'était attaché, il y a quelques années, une telle faveur aux exercices de lecture (est-ce une conséquence de la constitution démocratique de notre société et de la nécessité où chacun peut se trouver d'avoir à s'exprimer en public?), que dans certains départements (la Charente-Inférieure, l'Yonne, la Somme, etc.) on avait institué des concours de lecture entre les élèves des écoles primaires. Des prix étaient décernés à ceux qui lisaient le mieux dans une épreuve publique. Certains inspecteurs ont été émerveillés des résultats que cette institution avait produits. Il n'y a pas lieu de s'en étonner pourtant. On obtient des enfants tout ce qu'on veut. Le jour où les maîtres et les pouvoirs publics manifestent une sympathie particulière pour une matière d'enseignement, il s'y fait immédiatement de rapides progrès. Ainsi en a-t-il été, toutes les fois qu'on y a tenu la main, et de l'écriture et du dessin, et de la géographie, et de la gymnastique, etc. Il n'est peut-être pas à désirer que ces encouragements se généralisent, ni même qu'ils se continuent là où ils existent encore. Ces progrès particuliers pour la lecture ne seraient obtenus qu'au prix de sacrifices consentis sur d'autres matières qui ont aussi leur importance. Il y a une épreuve spéciale pour la lecture dans l'examen oral du certificat d'études; elle est largement suffisante, si elle est bien faite[1], pour que les intérêts de la lecture ne soient pas

[1] Voir ce qui est dit à ce sujet dans la monographie du certificat d'études, *in fine.*

sacrifiés et que cet enseignement donne tous les résultats qu'on est en droit d'en attendre.

Des bibliothèques scolaires. — Mais une pratique qui est à encourager, ce sont les lectures faites individuellement par les élèves en dehors des classes et dont ils ont à rendre compte en présence de leurs camarades; ce sont aussi les lectures que les enfants font dans la famille, à haute voix, de livres empruntés à la bibliothèque scolaire, choisis par l'instituteur et appropriés aux goûts comme aux besoins de ceux à qui ils sont prêtés; ce sont enfin ces associations d'anciens élèves, fondées en vue d'entretenir et d'accroître le fond des bibliothèques qui ont servi à leur première instruction. En apprenant à l'enfant à lire, l'école lui met dans les mains un outil, avec la manière de s'en servir. C'est à lui d'en user après sa sortie de l'école pour compléter et perfectionner son instruction personnelle d'abord, pour propager ensuite autour de lui les connaissances qui sont comme en dépôt dans la bibliothèque scolaire. Outre que l'État ne peut continuer à alimenter de ses dons ces foyers de lumière qu'il a allumés dans les plus petites communes, on peut espérer que les anciens élèves de l'école seront des lecteurs d'autant plus assidus, qu'ils contribueront de leur argent à entretenir et à augmenter le fond qui leur aura été transmis par les générations qui les auront précédés.

CHAPITRE II.

DE L'ENSEIGNEMENT DE L'ÉCRITURE.

—

L'écriture n'est pas en progrès; il semble même qu'elle soit plutôt en décadence. Non pas qu'il n'y ait encore des écoles où l'on écrive bien et même très bien; mais elles sont moins nombreuses qu'autrefois. Il y a surtout moins de maîtres qui soient fiers, et à juste titre, de leur belle écriture. Dans les écoles normales notamment, cette infériorité est frappante : d'où l'on pourrait inférer, sans grande témérité, que loin de s'améliorer, la situation à cet égard ira plutôt en empirant.

Cet état de choses est dû à bien des causes :

1° Le mouvement actuel de la pédagogie, et il ne faut pas le regretter, est surtout favorable aux études qui ont pour objet la culture de l'esprit. On célèbre, on exalte les exercices qui tendent à la formation de l'intelligence; on déprécie par contre l'enseignement mécanique et formel, qui ne donne que des connaissances positives et pratiques. Or écrire est un acte tout matériel; c'est dessiner, c'est peindre, uniquement en vue d'obtenir une ressemblance. Il n'y a rien là qui puisse éveiller l'esprit ni le former. Par suite, il s'est attaché à l'écriture une sorte de déconsidération, à tout le moins *de moindre estime*. Ceci est particulièrement vrai des écoles normales, et des écoles normales de filles plus encore que des écoles normales de garçons. On n'y choisit point, pour lui confier l'enseignement de l'écriture, le maître qui a le plus de goût ou d'aptitude pour cet enseignement; mais on en charge celui qui est le moins capable d'enseigner autre chose. Nous admettrons toutes les exceptions qu'on voudra; mais le fait dans sa généralité est incontestable. De là, à tous les degrés de l'échelle, un moindre soin donné à l'écriture, et, dans les écoles primaires, un moindre temps consacré à cet exercice; ce qui s'alliait fort bien, du reste, avec l'obligation où l'on était d'en donner davantage aux autres matières du programme.

2° On a substitué en écriture, comme dans toutes les autres branches du programme, l'enseignement collectif à l'enseignement individuel, et, d'une manière générale, on a bien fait. Peut-être pourtant l'application du principe comportait-elle ici quelque restriction. L'expérience montre, en effet, qu'il ne suffit pas d'apprendre à l'enfant ce qu'il lui faut savoir pour bien écrire, mais qu'il a besoin encore de pratiquer sous les yeux du maître et d'être averti des fautes dans lesquelles il tombe. Apprendre à écrire, c'est contracter un ensemble d'habitudes; or on sait que l'habitude a pour effet de nous faire accomplir toujours de la même manière, et sans que nous y prenions garde, ce que nous avons déjà accompli un grand nombre de fois. Si donc un enfant a pris en écrivant de mauvaises habitudes (et elles sont nombreuses celles auxquelles il peut se laisser aller), il retombera indéfiniment dans les mêmes fautes et formera toujours mal les mêmes lettres, jusqu'à ce que le maître l'arrête en lui faisant remarquer ce que son écriture a de défectueux, et jusqu'à ce que, par une surveillance assidue et prolongée, il soit parvenu à lui faire contracter une habitude contraire. L'action personnelle du maître est ici indispensable pour chaque élève, et la leçon commune a besoin d'être journellement complétée par des corrections et des remontrances individuelles.

3° Les occasions de mal écrire sont devenues plus fréquentes qu'autrefois. Dans les écoles primaires, on n'inflige plus de punitions corporelles; elles sont interdites par le règlement; mais en revanche on donne des pensums. S'ils étaient courts et si le maître exigeait qu'ils fussent bien faits, ils pourraient dans une certaine mesure remplacer les mises au net d'autrefois, qui ne sont pas à regretter, mais qui amélioraient l'écriture courante. Seulement il faudrait alors les corriger et le maître n'en a pas le temps ni n'en veut prendre la peine. D'autre part, il est toujours difficile de prouver à un élève qu'il aurait pu mieux écrire, et l'on trouve plus commode de vérifier si le pensum a le nombre de lignes qu'il doit avoir. Or rien n'est plus propre à déformer la main de l'enfant et à lui faire contracter de mauvaises habitudes, que la confection de ces longues pages où il ne songe qu'à aller vite et à arriver le plus tôt possible à la fin de sa tâche. Il en est de même presque de ces devoirs qui sont faits en dehors de la classe, à la maison, sans aucune direction ni surveillance, que les maîtres regardent à peine et pour lesquels il n'y a en classe qu'une correction générale. Enfin, dans les écoles normales, l'habitude est aujourd'hui que les maîtres, sur chaque matière, fassent des leçons orales et que les élèves prennent des notes. Or on sait ce que c'est que « prendre des notes ». Pour beaucoup d'élèves, c'est tâcher de prendre mot pour mot ce que dit le maître, c'est-à-dire écrire le plus vite possible et avoir recours à toutes sortes de simplifications et d'abréviations qui puissent remplacer en partie la sténographie. Il n'y a pas de bonne écriture qui puisse tenir à ce régime :

forcément elle se déforme et la main prend de mauvaises
habitudes. Il en résulte qu'on sait encore faire une page à
main posée, le jour de l'examen, parce que c'est un exercice tout autre; mais l'écriture courante reste mauvaise.
Autrefois, la plupart des maîtres rédigeaient leur cours;
les élèves les copiaient à main posée et à loisir, et ils met-
taient leur amour-propre à avoir sur chaque matière de
beaux cahiers bien écrits, qu'ils gardaient avec soin. Il n'y
a pas à regretter que cette pratique ait entièrement disparu, mais l'écriture courante y a certainement perdu.

4° Enfin, tandis que dans toutes les autres matières il y
a des principes sur lesquels on est d'accord, il règne en
écriture une grande incertitude, et sur le genre qu'il convient d'adopter, et sur la manière dont il faut l'enseigner.
Sans doute les méthodes ne manquent pas et presque toutes
débutent par le calque, la pente, la longueur et la distance
des lettres, pour finir par des modèles à imiter. Toutes aussi
ont la prétention d'être méthodiques et de commencer par
ce qu'il y a de plus simple, pour arriver progressivement à
ce qu'il y a de plus compliqué et de plus difficile : d'abord
le jambage, le trait droit, qui mène à l'i et au groupe des
lettres qui en dérivent, u, t, n, m, etc.; puis les traits
arrondis et les lettres ovales, c, o, a, d, q, etc.; puis les
lettres bouclées l, b, g, etc., avec des règles pour la grandeur des boucles et les corps d'écriture; enfin elles portent
généralement, sur la couverture des cahiers préparés à
l'usage des élèves, des conseils relatifs à la tenue du corps,
du cahier et de la plume. Malheureusement, il n'y a sur
aucun de ces points rien qui soit uniforme ni bien défini.
Pas de vues générales, pas de principes fixes sur lesquels on puisse s'appuyer pour déterminer le caractère de

l'écriture réputée la meilleure. Chacun suit son idée personnelle, qui n'est le plus souvent qu'un pur caprice. Rien de plus variable, par exemple, que la pente qu'on doit lui donner. Dans Werdet, à qui nous devons le plus ancien type de l'écriture anglaise, la pente est la diagonale d'un rectangle ayant 3 de base et 4 de hauteur. Chez Taiclet, Taupier, Colombel, etc., qui sont venus après et qui sans doute la trouvaient insuffisante, elle devient la diagonale du carré. Flament, au contraire, la trouve trop grande et n'en fait que la diagonale d'un rectangle qui aurait toujours 3 de base, comme dans Werdet, mais 5 de haut au lieu de 4. Puis viennent les hygiénistes qui demandent, non sans raison, que l'écriture soit droite et qu'elle se rapproche le plus possible des caractères imprimés. Or cette question de la pente a son importance. A mesure qu'elle augmente en effet, les rondeurs diminuent, et les liaisons, au lieu de partir du milieu du jambage, par exemple, partent du pied même du jambage. Alors l'écriture devient plus rapide, mais elle est moins lisible. Si l'on joint à cela les variations que chacun peut faire subir à une même lettre, les deux formes qu'on lui donne parfois selon qu'elle est au milieu ou à la fin d'un mot, les fioritures et les enjolivements de toute nature imaginés par les caprices individuels, on conviendra sans doute qu'il règne en la matière l'anarchie la plus complète. Pour n'en citer qu'un exemple, qu'on veuille bien seulement remarquer les formes du *d*. Il y a déjà deux formes généralement admises, selon qu'on écrit l'anglaise ou l'ancienne coulée reprise par M. Flament, *d* et *ɔ;* mais pour peu que le *d* de l'anglaise s'écrive vite et que le jambage se sépare de l'*o*, il devient une sorte d'*ol* majuscule. Quant à l'autre forme du *ɔ*, qui doit avoir sa boucle à gauche, l'habitude se propage depuis quelques années, surtout dans les écoles de filles, de la faire à droite. Rien à coup sûr ne s'oppose à ce qu'elle se fasse à droite aussi bien qu'à gauche, puisque les Grecs la faisaient à droite dans leur *delta*, δ; mais il faudrait alors que tout le monde la fît à droite. D'autres la font bien à gauche, mais ils la font double, à deux étages superposés, ℨ. Des observations analogues seraient à faire sur le *t*, sur l'*s*, sur l'*x*, sur l'*f*, sur le point qui surmonte l'*i* et qu'on fait en forme de fouet ℐ. Quand une lettre peut s'écrire de deux ou trois manières différentes, ce n'est plus une lettre, mais deux ou trois lettres qu'il faut apprendre pour représenter le même son, sans compter que plus les formes des lettres se diversifient, moins l'écriture devient lisible et compréhensible.

Serait-il donc si difficile de bien définir l'objet qu'on doit se proposer en écrivant? On n'écrit, ce semble, que pour matérialiser en quelque sorte et fixer le son fugitif de la parole, pour le rendre transmissible à travers le temps et l'espace; en d'autres termes, on n'écrit que pour être lu. Dès lors la meilleure écriture n'est-elle pas tout simplement celle qui est la plus lisible? Or les caractères qui peuvent rendre l'écriture lisible ne paraissent pas bien difficiles à déterminer.

Il faut d'abord qu'elle soit suffisamment *grosse*, pour ne pas fatiguer les yeux. Ce point est de première importance : il n'y a pas de beauté ni d'élégance qui puisse compenser les inconvénients d'une écriture microscopique.

Il faut ensuite que chaque lettre soit *bien formée* et *bien arrondie*. Si les boucles sont remplacées par des traits, les vides par des pleins, des lettres tout entières par de simples points, il n'y a plus d'écriture, à proprement parler. C'est de la sténographie hiéroglyphique, imaginée par le caprice d'un individu et dont il impose la fastidieuse étude à ceux qui sont obligés de le lire.

Que ces deux conditions soient remplies et l'écriture sera *lisible*. Si de plus elle garde toujours entre les lettres une juste proportion, au point de vue de leur grandeur, des intervalles qui les séparent, de la pente à leur donner, elle sera *régulière*.

Si enfin elle n'admet ni fioritures, ni enjolivements propres seulement à l'embrouiller, elle sera *nette* et *correcte;* elle aura dans sa simplicité même sa principale beauté.

Ne rien omettre en écrivant de ce qui peut contribuer à rendre l'écriture lisible; n'y rien ajouter qui soit inutile et de pur ornement. Telle est la double règle dont les faiseurs de méthodes ne devraient jamais se départir. L'écriture, au moins à l'école primaire élémentaire, n'est pas une œuvre d'art; elle doit être une peinture des sons aussi exacte que possible; tout ce qu'on lui demande en plus est du luxe et du superflu.

L'écriture anglaise, dont l'usage est devenu général dans ces derniers temps, ne satisfait certainement pas à toutes ces conditions. N'étant guère qu'une suite de renflements et de déliés, elle exige qu'on l'écrive posément. Pour peu qu'on se hâte, les pleins disparaissent et se confondent avec les déliés. Elle ne comporte ni précipitation, ni fatigue de la main. Elle convient peu, par suite, aux gens de lettres, aux élèves, qui sont toujours pressés, aux commerçants, aux personnes enfin, quelles qu'elles soient, qui ont beaucoup à écrire et qui écrivent pour être lues. Elle ne convient pas davantage aux ouvriers d'industrie ni aux cultiva-

teurs : elle exige trop de délicatesse pour des mains qui
viennent de manier la bêche, le marteau ou le rabot. Enfin
sa plume, à pointe fine, s'émousse vite; et quand une fois
elle est fatiguée, elle glisse mal, ne se prête plus aux renflements, ni aux déliés. Si l'on se presse alors, ce qui arrive
forcément dans l'écriture expédiée, on fait du griffonnage et
des pattes de mouche. Or l'anglaise, élégante et légère de
sa nature, n'admet pas la médiocrité.

C'est pour toutes ces raisons qu'on a cherché de nos
jours un autre genre d'écriture, l'écriture dite *française*
(sans doute parce qu'elle se rapproche davantage de celle
de nos pères), et dont l'écriture Flament est peut-être le type
le plus caractérisé. Elle conserve de l'anglaise ce que celle-ci a
de plus simple, pour le combiner avec ce que la bâtarde et
l'ancienne coulée ont de plus expéditif et de moins con-
tourné. Tout ce qui est jambage, devant avoir un plein uniforme de haut en bas, s'obtient par une simple traînée de
la plume posée bien en face du papier, sans aucune pression
des doigts ; le délié se fait par une pousse oblique de gauche
à droite, qui fait plus ou moins passer les deux becs de la
plume l'un sur l'autre, au lieu de les avancer parallèlement,
comme pour former les pleins. Mais on lui reproche à son
tour de s'écrire plus lentement: ce qui semblerait naturel, le mouvement de la main qui trace une courbe pou-
vant être plus rapide qu'un mouvement anguleux qui né-
cessite un changement plus brusque de direction. On
pourrait répondre que ceux des élèves de nos écoles primaires qui auront plus tard besoin d'écrire vite sont le petit
nombre, et que si l'on ne peut arriver à écrire vite qu'en
écrivant mal, il faut renoncer à écrire vite. — On dit encore
qu'elle est lourde et n'a rien de féminin; mais combien d'en-

fants, dans nos écoles primaires, aussi bien parmi les filles que parmi les garçons, devront n'aspirer qu'à écrire lisiblement! — Enfin elle n'est pas, dit-on, appréciée des commerçants, parce qu'elle est impersonnelle. Dans les écoles où elle est bien enseignée, en effet, tous les élèves ont, à s'y méprendre, la même écriture, plus ou moins correcte et plus ou moins belle, selon qu'ils l'écrivent plus ou moins bien. Mais ceci est vrai, à l'école primaire, de tous les genres d'écriture : partout où le maître professe réellement, tous les élèves ont une même écriture, la sienne. Cette personnalité, ce n'est pas le genre d'écriture qui la donne. C'est plus tard, à mesure qu'on acquiert des idées personnelles et qu'on se fait son caractère, qu'on modifie son écriture et qu'on se fait son écriture à soi. Seulement, si les premières habitudes prises ont été bonnes, l'écriture reste lisible et c'est ce qui importe. L'écriture commerciale est d'ailleurs un genre à part, qu'il faut apprendre dans des écoles spéciales, ou tout au moins à l'école primaire supérieure et dans les cours complémentaires. L'école primaire élémentaire ne peut avoir la prétention de former des commerçants, ni même des écrivains.

En somme, on convient que l'écriture française, imitation plus ou moins libre de la bâtarde et de l'ancienne coulée, ou toute autre écriture analogue, est plus lisible, qu'elle admet moins le caprice et les ornements inutiles. Elle est donc plus rationnelle, plus pratique, et c'est pour cela qu'elle devrait être préférée dans les écoles primaires. Qu'on y apporte encore toutes les modifications qui peuvent contribuer à la rendre plus rapide et plus lisible, et elle aura toute la perfection qu'on peut demander à l'écriture courante. A cet égard, on se demande vraiment si une

intervention de l'autorité supérieure ne serait pas justifiée.
Il y va de la vue des élèves : jamais il n'y a eu dans nos
écoles autant de myopies qu'aujourd'hui, et l'écriture n'y
est pas indifférente. Il y va de la fixité de notre écriture
qu'il y a lieu de maintenir, et pour notre propre commo-
dité, et pour ne pas créer une difficulté de plus aux nombreux étrangers qui apprennent notre langue. Il existe en
France un corps chargé de maintenir la fixité de notre orthographe, c'est l'Académie française. Sans réclamer le pro-
tectorat d'une autorité si élevée, on pourrait demander
qu'une circulaire ministérielle invitât les membres des commissions d'examen qui ont à juger des épreuves d'écriture
(les commissions pour le brevet notamment et pour le certificat d'études), à compter impitoyablement comme des
fautes qui abaisseraient d'autant la note, toute addition
inutile, toute suppression, tout ornement qui rendrait l'é-
criture moins lisible; en un mot, toute dérogation à un
type d'écriture adopté par une commission officielle, con-
stituée *ad hoc*, qui aurait déterminé ce que doit être chaque
lettre pour être la plus simple possible et la plus facile à
exécuter.

Il n'en faudrait pas plus, dans un pays où presque tout
le monde subit des examens, pour opérer en peu d'années
une réforme générale et obtenir une fixité durable. Les
lettres de l'écriture courante sont, pour la communica-
tion des idées, des monnaies d'échange auxquelles tout le
monde doit attacher la même valeur : plus elles seront dis-
tinctes, difficiles à confondre et d'un maniement facile,
plus elles seront parfaites pour l'usage auquel elles servent.
Il n'y aurait pas à se préoccuper ici de l'initiative indivi-
duelle qui ne pourrait être qu'un caprice. Celle-ci aurait

toujours, du reste, les écritures commerciales et artistiques, qui offriraient un vaste champ à ses inventions et à ses progrès.

Ce point établi, il resterait encore aux instituteurs à user, avec plus d'intelligence qu'ils ne le font, de tous les moyens imaginés pour faciliter leur tâche et les aider à la mener à bonne fin. Ces moyens sont nombreux : car, en cette matière comme dans les autres, l'imagination n'a pas fait défaut aux inventeurs et la production a été abondante.

Ainsi, on avait remarqué que l'emploi de la plume présente des dangers pour les jeunes enfants, que les corrections sont difficiles sur le papier, que l'encre tache les doigts, qu'on ne peut guère obtenir d'eux toute la propreté désirable, et l'on avait substitué à l'écriture sur le papier l'écriture sur l'ardoise, avec un crayon dur. Mais on s'est aperçu que celle-ci, à son tour, a l'inconvénient de raidir les doigts de l'enfant et d'alourdir sa main. On a remplacé alors les ardoises ordinaires par des ardoises factices avec crayon tendre, sur lesquelles sont des tracés marquant la hauteur et la pente des lettres. C'est un progrès; mais ces ardoises s'écornent et se déchirent, leur tracé s'efface vite. On a imaginé dans ces derniers temps de les recouvrir d'un verre dépoli solidement tenu, avec le carton sur lequel il repose, dans un cadre de bois, et sur lequel on écrit avec un crayon ordinaire. Ces nouvelles ardoises ont l'avantage de se rapprocher des cahiers, comme les ardoises factices, et de ne pas alourdir la main; en outre, elles sont plus solides et plus durables. Elles paraissent destinées à les remplacer, surtout si l'on trouve le moyen d'empêcher le verre de se ternir par l'emploi du crayon à mine de plomb.

A l'écriture sur l'ardoise on fait succéder l'écriture sur

cahiers préparés, avec modèles au haut des pages et tracés
diminuant, à mesure que l'élève devient plus exercé et
peut plus facilement s'en passer. Les difficultés y sont graduées; l'élève ne les aborde que successivement, après avoir
été préparé à en triompher. Les maîtres auraient tort de ne
pas recourir à l'emploi de ces cahiers, au moins avec les
commençants, à condition qu'ils ne s'imaginent pas que le
cahier les remplace et qu'ils n'ont plus à intervenir person-
nellement. Mais il est bon que cette pratique ne dure
pas trop longtemps. Il faut que l'élève s'habitue, dès qu'il le
peut, à préparer lui-même sa page et à écrire lisiblement,
sans ces lisières du calque ou du tracé. Il suffit alors qu'il
ait un modèle à imiter et que le maître lui rappelle, quand
il les oublie, les principes exposés dans la méthode.

Une pratique qui était en usage autrefois dans toutes les
écoles et à laquelle on a eu le tort de renoncer, sans doute
parce qu'on la croyait liée à l'enseignement individuel, est
celle des modèles lithographiés mobiles, que le maître re-
mettait à chaque élève, et que celui-ci s'essayait à reproduire aussi fidèlement que possible. L'habitude s'est répandue que le maître fasse lui-même son modèle au tableau
noir. Avec l'enseignement simultané, on se l'explique; mais
le modèle au tableau noir ne devait pas entraîner la suppression du modèle lithographié. Celui-ci est toujours mieux
exécuté; l'élève qui l'a sous les yeux n'est pas forcé de relever la tête à chaque lettre qu'il fait, pour s'assurer qu'elle
est bien conforme au modèle; comme il peut le faire glisser
sur son cahier, à mesure que la page s'avance, c'est toujours un exemple bien fait qu'il s'attache à reproduire, et
non les imitations plus ou moins maladroites qu'il en a
déjà faites lui-même : ce qui ne manque guère d'arriver

quand il n'a que le modèle au tableau noir, et même quand le modèle est gravé en haut de sa page. Enfin si l'on joint que ce qu'il a à faire, c'est une réduction et qu'une réduction est toujours difficile, on conviendra que le modèle fait au tableau noir, s'il n'est pas complété par un modèle gravé mis à la portée de l'élève, est tout à fait insuffisant. Le tableau noir est parfait pour l'exposition des principes, pour l'indication de la forme à donner à une lettre déterminée, pour une observation particulière ou pour une correction générale, en un mot, comme instrument de démonstration : comme modèle calligraphique, il est absolument défectueux.

Il y aurait bien à dire encore sur ce sujet de l'écriture, trop négligé par les pédagogues. Les questions que soulève cet enseignement n'ont peut-être pas été assez étudiées. Ainsi l'on recommande au maître de faire son modèle en classe, *sous les yeux mêmes de ses élèves.* Est-ce bien ce qu'il y a de mieux? Il faut, dit-on, que les élèves voient naître les lettres sous ses doigts. Oui, s'il s'agit d'une lettre ou d'une portion de lettre; non, s'il s'agit d'un exemple tout entier. Souvent, en effet, pendant qu'il dessine ce modèle et qu'il a nécessairement le dos tourné, ses élèves se dissipent et commettent des actes d'indiscipline qu'il lui faut punir ensuite. La confection de ce modèle lui prend d'ailleurs un temps assez long, qu'il emploierait plus utilement à des corrections individuelles faites sur les cahiers. Enfin la tenue d'un morceau de craie ne donne qu'une idée bien incomplète de ce que doit être la tenue de la plume. Certains maîtres dessinent leur modèle, à loisir, avant la classe; mais, au moment de la leçon, ils le repassent en quelque sorte avec une règle, à l'aide de laquelle ils simulent pour chaque lettre le mouvement de la main et de la plume de celui qui l'écrit. Ils arrivent ainsi plus rapidement et plus sûrement au même résultat, qui est de faire voir à l'élève comment la lettre est engendrée. Pourquoi tous les instituteurs n'emploient-ils pas ce procédé? Pourquoi en est-il tant qui ne le connaissent même pas ?

Sans aller jusqu'à faire écrire tous les élèves au commandement pour chaque lettre ou portion de lettre, comme cela se fait en d'autres pays, il est des maîtres qui résument en quelques lignes les préceptes essentiels de la tenue du corps, du cahier et de la plume, qui les font apprendre ensuite et réciter avant d'écrire, soit collectivement, soit individuellement, comme on ferait une leçon. Ils pensent que les élèves doivent les posséder, comme un soldat sait sa théorie. Les deux choses, en effet, ne sont pas sans analogie. La pratique est bonne ou non; mais elle devrait être plus connue.

Ce sont des minuties, dira-t-on. Oui; mais c'est dans l'observation de ces minuties que consiste en grande partie l'art d'apprendre à écrire et la garantie du succès. L'écriture n'est plus en honneur dans l'enseignement primaire, et jamais pourtant on n'a tant écrit, jamais il n'a été aussi nécessaire qu'on écrivît bien. On ne peut songer à augmenter le temps qui lui est consacré à l'école; mais ce temps pourrait être mieux employé, les résultats ne sont pas en rapport avec les facilités mises à la disposition des maîtres.

Il faudrait que ceux-ci y donnassent plus de soin et que leur surveillance s'étendît à la confection des devoirs autres que la page d'écriture. Il faudrait enfin que l'attention des pouvoirs publics eux-mêmes fût ramenée sur cette partie essentielle, en somme, des études primaires, et que ceux qui devraient donner l'exemple d'une belle écriture ne se fissent pas gloire d'avoir une signature illisible. Une réforme dans les habitudes et dans les mœurs ne serait pas moins nécessaire que dans l'enseignement.

CHAPITRE III.
DE L'ENSEIGNEMENT DE LA LANGUE FRANÇAISE.

—

Ce qui, il y a une vingtaine d'années, constituait essentiellement, avec la lecture et l'écriture, l'étude de la langue française dans les écoles primaires, c'étaient : la récitation littérale de la grammaire, suivie d'exercices écrits en application de chaque règle; de longues analyses grammaticales et logiques, ainsi que des conjugaisons, qui se faisaient toujours par écrit; enfin la dictée, qui avait lieu tous les jours, et dans laquelle on recherchait surtout les difficultés de l'orthographe usuelle ou grammaticale. Les petits exercices de composition française n'y figuraient pas encore. Ce n'est point qu'on ne sentît ce que cet enseignement avait de défectueux; des circulaires ministérielles avaient critiqué ce qui se faisait et indiqué ce qu'il conviendrait de faire, mais sans grand succès. Il en est pourtant qui sont restées de véritables documents sur la matière. Voici, par exemple, ce qu'on trouve dans l'*Instruction* du 20 août 1857, adressée à MM. les recteurs, *sur la direction pédagogique des écoles primaires.* Après avoir rappelé ce qu'avait déjà dit son prédécesseur, à savoir « que les élèves des écoles primaires ont besoin d'apprendre la langue, mais non les subtilités qui ont rendu, en la compliquant, l'étude de la grammaire si peu attrayante et, par conséquent, si difficile », M. le Ministre Rouland ajoutait : « Assurément l'étude de la langue maternelle est indispensable et peut être féconde; car, si la langue n'est autre chose que l'expression de la pensée, la culture n'en peut être sans influence directe sur l'intelligence. Mais qu'on se garde d'accabler l'esprit des enfants de ces définitions métaphysiques, de ces règles abstraites, de ces analyses prétendues grammaticales, qui sont pour eux des hiéroglyphes indéchiffrables ou de rebutants exercices. Tout enfant qui vient s'asseoir sur les bancs d'une école apporte avec lui, sans en avoir conscience, l'usage des genres, des nombres, des conjugaisons. Qu'y a-t-il à faire? Tout simplement l'amener à se rendre un compte rationnel de ce qu'il sait par routine et répète de lui-même machinalement. Que le maître fasse lire une phrase claire et simple; cette phrase lue, qu'il s'assure si les élèves en ont bien saisi le sens; qu'il explique ensuite ou fasse expliquer le rôle que chacun des mots joue dans la construction de la phrase. Après quoi, qu'il donne cette leçon à copier. On a ainsi tout ensemble une leçon de logique pratique et une leçon d'orthographe. *Là est le seul genre d'analyse qu'il faille admettre dans les écoles primaires.* Si l'analyse ainsi pratiquée est fructueuse, parce qu'en étudiant à la fois la pensée et les mots elle s'adresse à l'intelligence, elle devient un pur gaspillage de temps quand elle n'est, comme on le voit trop souvent, que le travail machinal de la mémoire.

« Donc, point de ces longs devoirs écrits, ambitieusement décorés du nom d'analyses grammaticales ou logiques et bons seulement à faire prendre en dégoût tout ce qui tient à l'enseignement de la langue; point de fantasmagorie de mots; s'il est possible même, *point de grammaire* entre les mains des élèves. Faire apprendre par cœur des formules abstraites à des enfants qui sortiront de l'école pour manier la bêche ou le rabot, c'est à plaisir et sans résultats heurter les instincts des familles. Qu'on voie s'entrechoquer dans un pêle-mêle de notions confuses ces mots techniques dont une intelligence peu exercée ne parvient jamais à se rendre maîtresse, il n'y a là, avec une perte de temps certaine, que des avantages bien douteux. »

C'était là une véritable direction donnée à l'enseignement primaire pour l'étude de la langue maternelle; mais elle ne fut sans doute guère suivie. Neuf ans plus tard, en effet, le 7 octobre 1866, un autre ministre, M. Duruy, dans une circulaire également adressée à MM. les recteurs, rappelait ces mêmes idées et insistait d'une manière plus pressante encore sur leur mise en pratique. « J'appelle votre attention, leur disait-il, sur les abus que quelques maîtres ont introduits dans l'étude de la grammaire et sur la nécessité de donner à cet enseignement une direction plus pratique. Je trouve la preuve de cet abus persistant dans les mémoires produits en 1861, lors du concours des instituteurs, et dans les rapports de l'Inspection générale, comme dans les copies des concours cantonaux que je viens d'examiner. Des enfants de dix à onze ans parlent de verbes transitifs et intransitifs, d'attributs simples et complexes, de propositions incidentes explicatives ou déterminatives, de compléments circonstanciels, etc. Il faut n'avoir aucune idée de l'esprit des enfants, qui répugne aux abstractions et aux généralités, pour croire qu'ils comprennent de pareilles expressions, que vous et moi, monsieur le recteur, nous avons depuis longtemps oubliées. C'est un pur effort de mémoire au profit d'inutilités. Une grande partie de la classe est chaque jour employée, dans certaines écoles, à la récitation de longues leçons de grammaire, à la rédaction d'interminables analyses logiques

et grammaticales, qui remplissent leurs cahiers ou leur
mémoire et ne disent rien à leur esprit. Cet enseignement
doit être remplacé par des leçons vivantes. Il faut réduire
la grammaire à quelques définitions simples et courtes,
à quelques règles fondamentales qu'on éclaircit par des
exemples. »

Quoique les abus eussent été si hautement dénoncés et
la voie à suivre si clairement indiquée, cette circulaire cou-
rait risque, comme sa devancière, de ne produire que des
résultats peu appréciables. Tant il y a loin de la théorie à
l'application, des conseils à leur mise en pratique ! On s'explique d'ailleurs que les maîtres continuassent à suivre les
méthodes qu'on accusait : c'étaient celles qui leur avaient
été enseignées à eux-mêmes et ils en mesuraient la valeur
au prix qu'elles leur avaient coûté. Mais, cette même année
1866, M. Gréard était chargé de la direction de l'enseignement primaire de la Seine, et deux ans plus tard, en juillet
1868, il faisait donner la consécration officielle à sa nouvelle organisation pédagogique des écoles primaires. Répartition de tous les élèves en trois cours (élémentaire, moyen
et supérieur); programmes bien déterminés pour chacun
d'eux; emploi du temps approprié aux diverses classes :
telle en était la base. Mais ce qui la rendit particulièrement
féconde, ce furent les *Instructions et directions pédagogiques*
par lesquelles il en précisait l'esprit nouveau et en facilitait
l'application méthodique. « L'objet propre de l'enseignement
primaire; dit-il à son tour dans une page bien des fois citée,
c'est d'abord sans doute d'inculquer à l'enfant un grand
nombre de connaissances positives, en dehors desquelles
l'homme se trouve aujourd'hui, comme on l'a dit, en dehors
de l'humanité; mais c'est aussi, en même temps, de former

et de développer dans l'enfant le bon sens et le sens moral :
le bon sens, par l'exercice du raisonnement; le sens moral,
par la culture de tous les sentiments honnêtes, de tous les
instincts élevés dont Dieu a déposé le germe dans son cœur.

« Si tel est bien le but de l'enseignement primaire, il est
évident qu'il vaut surtout par la méthode, et la méthode
qui lui convient peut se résumer en quelques traits : écarter
tous les devoirs qui faussent la direction de l'enseignement,
sous prétexte d'en élever le caractère (modèles d'écriture
compliqués et bizarres, textes de leçons démesurés, séries
d'analyses et de conjugaisons écrites, définitions indigestes);
ménager les préceptes et multiplier les exemples; ne jamais
oublier que le meilleur pour l'enfant, c'est la parole du
maître; n'user de sa mémoire, si souple, si sûre, que comme
d'un point d'appui, et faire en sorte que l'enseignement pé-
nètre jusqu'à son intelligence, qui seule peut en conserver
l'empreinte féconde; le conduire du simple au composé,
du facile au difficile, de l'application au principe; l'amener,
par des questions bien enchaînées, à découvrir ce qu'on
veut lui montrer; l'habituer à raisonner, faire qu'il trouve,
qu'il voie; en un mot, tenir incessamment son raisonnement
en mouvement, son intelligence en éveil; pour cela, ne
rien laisser d'obscur qui mérite explication, pousser les dé-
monstrations jusqu'à la figuration matérielle des choses,
toutes les fois qu'il est possible; dans chaque matière, dé-
gager des détails confus qui encombrent l'intelligence, les
faits caractéristiques, les règles simples qui l'éclairent...,
en grammaire, partir de l'exemple pour arriver à la règle
dépouillée des subtilités de la scolastique grammaticale;
choisir les textes des dictées écrites parmi les morceaux les
plus simples et les plus purs des œuvres classiques; tirer

les sujets d'exercice, non des recueils fabriqués à plaisir pour compliquer les difficultés de la langue, mais des choses courantes, d'un incident de classe, des leçons du jour, des passages d'histoire, de géographie récemment appris; inventer des exemples sous les yeux de l'élève, ce qui pique son attention, les lui laisser surtout inventer lui-même et toujours les écrire au tableau noir. . .[1] » Ce n'étaient plus là seulement des vues théoriques et des indications générales; c'étaient des conseils tout pratiques, allant droit au but, donnés par quelqu'un qui voyait les choses de près et qui devait trouver dans l'exercice même de ses fonctions les moyens de les faire mettre à exécution.

La portée de cette réforme fut immense. Le ministère lui-même la proposa comme un exemple à suivre à tous les départements de France. Les événements politiques de 1870 en retardèrent un peu l'application; mais, dès 1872, bon nombre d'inspecteurs d'académie s'engageaient successivement dans les voies nouvelles qui leur étaient ouvertes et adaptaient aux conditions particulières de leurs départements respectifs l'organisation modèle qui leur était proposée. Tous les progrès accomplis pendant les dix années qui suivirent datent de là; et quand parut l'arrêté du 27 juillet 1882, qui réglementait l'organisation pédagogique de l'enseignement primaire dans toute la France et lui donnait ses programmes, il ne faisait guère que généraliser les essais tentés dans les départements les plus soucieux de l'instruction et donner la sanction officielle à des pratiques que l'usage avait déjà consacrées. C'est ce travail de transformation qu'on voudrait retracer ici pour chacun

[1] *Rapport sur la situation de l'instruction primaire dans le département de la Seine, 1871-1872.*

des exercices scolaires dont l'objet est l'étude de la langue française.

Grammaire. — « S'il est possible même, point de grammaire entre les mains des élèves », disait l'instruction ministérielle du 20 août 1857. Il y avait excès dans cette réaction contre l'abus de la grammaire. Si la grammaire est l'ensemble des lois ou règles du langage, se refuser à la faire apprendre aux élèves, c'est s'exposer à être forcé de leur répéter un grand nombre de fois ce qu'il eût suffi de leur apprendre une fois. Mais cette proscription s'explique, si elle ne se justifie pas, par la faveur exceptionnelle dont jouissait alors la grammaire de Noël et Chapsal, qui, à bien des égards, était conçue dans un esprit tout autre que celui que voulaient faire prévaloir les circulaires ministérielles. C'est une histoire curieuse que celle de cette grammaire. Éditée en 1824, elle ne devint vraiment populaire qu'après 1830; mais à partir de ce moment, sa vogue fut immense, et pendant près de trente ans on n'en connut guère d'autre dans nos écoles primaires. Elle plaisait par des qualités réelles : comme plan et comme ordonnance générale, elle était une nouveauté; sous le rapport de la méthode et de la clarté, elle réalisait un vrai progrès; philosophique et rationnelle, elle donnait à l'esprit, par son caractère scientifique, une satisfaction que ne procurait pas la grammaire empirique de Lhomond. Mais elle avait aussi de graves défauts : ses définitions sont trop abstraites et philosophiques pour des enfants; ses modèles d'analyse grammaticale et logique sont des formulaires tout mécaniques d'une monotonie désespérante; elle pousse jusqu'à la subtilité la distinction des diverses espèces de propositions; elle accable l'esprit de l'enfant de détails inutiles, en chargeant sa mémoire d'exceptions auxquelles elle donne la même importance qu'aux règles principales, quoiqu'elles soient d'un emploi moins fréquent et que certaines même n'aient presque jamais leur application. Ces défauts ne se remarquèrent pas tout d'abord; ils finirent pourtant par frapper les bons esprits : de là ces critiques violentes contre la grammaire elle-même, qui remplissent les circulaires ministérielles citées plus haut.

Mais ce ne pouvait être l'œuvre d'un jour de déposséder un livre qui jouissait à un si haut degré de la faveur populaire, d'autant que les mêmes défauts ou des défauts analogues se retrouvaient dans ceux qui auraient pu lui faire concurrence. Il n'y avait pas moins de détails ni de subtilités dans Poitevin. Guérard, très sage et très méthodique, n'était ni moins philosophique, ni moins abstrait. La grammaire lexicologique de Larousse s'inspirait davantage des idées préconisées par les circulaires ministérielles; elle visait à «faire apprendre la grammaire par la langue et non la langue par la grammaire», comme on l'a si bien dit depuis; mais il lui manquait certains détails de mise en œuvre et cette ordonnance méthodique, qui séduisait tant dans la grammaire de Chapsal. Cependant, si elle continuait encore d'être généralement employée vers 1860, déjà son astre avait pâli, son autorité était discutée et de graves atteintes avaient été portées à son infaillibilité. Ce ne fut toutefois que la nouvelle organisation pédagogique de la Seine qui lui porta les derniers coups.

Que disaient les instructions qui avaient pour objet la mise en pratique de cette nouvelle organisation? C'est d'abord qu'il faut, quand on instruit des enfants, aller du concret à l'abstrait, de l'exemple à la règle, de l'usage à la formule générale, c'est-à-dire à la loi. N'est-ce pas la marche que suit le développement progressif des facultés de l'enfant? Or la grammaire de Chapsal suivait une marche tout opposée. Elle posait d'abord des règles abstraites que l'élève devait apprendre pour en faire ensuite l'application. C'était l'enseignement doctrinal, dogmatique, qui s'impose, tandis que la nouvelle organisation préconisait un enseignement qui, débutant par le concret, par l'intuition, fait appel à l'initiative de l'enfant et l'aide à trouver lui-même la règle qu'on veut lui apprendre.

C'est ensuite que les diverses matières d'enseignement ne doivent pas être étudiées successivement, les unes après les autres, mais qu'elles doivent être menées de front et simultanément. On doit enseigner, dans les classes élémentaires, dans les écoles maternelles elles-mêmes, tout ce qu'on enseigne dans les classes plus élevées; mais on doit l'enseigner autrement. Du premier coup, on embrasse tout l'objet de l'enseignement, mais d'une manière générale ; on approfondit ensuite. On creuse le champ, on le fouille, on le remue; mais on n'en étend pas les limites. De là la répartition des élèves en trois cours (élémentaire, moyen et supérieur), avec des programmes concentriques; ce qui leur permet d'emporter, à leur sortie de l'école, à quelque moment qu'ils la quittent, un ensemble de connaissances se suffisant à lui-même, et non plus le commencement d'une chose dont souvent ils ne devaient jamais voir la fin ; de là, par suite, des grammaires spéciales correspondant comme force, quoique avec un objet unique, au degré de développement intellectuel de chacun des trois cours. Chapsal, lui, s'était placé à un tout autre point de vue. Quand il entamait une question, il l'épuisait tout d'abord avant de passer à une autre. S'agissait-il de la formation du pluriel dans les substantifs? Après avoir formulé la règle générale, à savoir que le pluriel se forme par l'addition d'un *s*, il donnait l'exception qui veut que les substantifs terminés par *al* font *aux* au pluriel. Mais à cette exception il y a aussi des exceptions, et avant que l'enfant sût ce que c'est qu'un verbe, ce que c'est qu'une proposition, il lui fallait apprendre qu'*aval, pal, cal, nopal, chacal* et *serval*, tous mots qu'il n'aura jamais à écrire, parce qu'il ignore et ignorera probablement toujours l'objet auquel ils correspondent, font au pluriel *avals, pals, cals, nopals, chacals* et *servals*. Qu'il sût que *ciel* fait *cieux*, c'était bien, parce que le mot est usuel; mais où était la nécessité de lui apprendre qu'il faut dire des *ciels de tableaux*, des *ciels de carrière*, choses dont il n'a aucune idée, et même des *ciels de lit*, objets qu'il peut connaître, mais qu'il n'aura sans doute pas, une fois en sa vie, l'occasion d'écrire au pluriel? Et comme le livre était assez gros et la durée de la fréquentation assez courte, il en résultait que les enfants apprenaient chaque année le commencement de la grammaire, sans la parcourir jamais en entier; que, par suite, ils quittaient l'école, sachant une foule de choses qui ne leur serviraient jamais et ignorant des choses qu'il eût été essentiel pour eux de savoir. M. Gréard recommandait tout le contraire : « L'objet de l'enseignement primaire, avait-il dit, dans une phrase que reproduisent les instructions officielles de 1882, n'est pas d'embrasser, sur les diverses matières auxquelles il touche, tout ce qu'il est possible de savoir, mais de bien apprendre dans chacune d'elles ce qu'il n'est pas permis d'ignorer. »

Il semble bien que ce double défaut de leur œuvre avait

été vu des auteurs eux-mêmes, puisqu'ils avaient cru devoir en composer un *abrégé*, dans lequel ils s'étaient attachés, disaient-ils, à conserver « la même marche et les mêmes principes » que dans la grammaire complète, ce qui était bien, mais aussi « les mêmes définitions et le même langage », ce qui était un tort. Il en était résulté que cet abrégé n'avait point été, comme ils le pensaient, la science grammaticale réduite à sa plus simple expression; mais qu'ils avaient tout simplement publié un livre plus court, qui se vendait moins cher, sans être aucunement plus à la portée des enfants que la grammaire elle-même.

A une conception nouvelle de l'enseignement de la grammaire, il fallait des livres nouveaux. Ceux-ci ne tardèrent pas à paraître. Ce fut d'abord, vers 1871, la grammaire de Larive et Fleury, de la librairie Armand Colin, avec ses trois cours concentriques : même plan, mêmes règles le plus souvent, mais avec des détails nouveaux et des formules plus abstraites, à mesure qu'on passe d'un cours à un cours plus élevé, et aussi avec des exercices tout préparés venant à la suite de chaque règle. Conforme aux nouveaux programmes et s'inspirant de leur esprit, elle répondait aux besoins du moment. Elle avait encore une autre qualité : non seulement, comme Larousse, ses auteurs admettaient une partie lexicologique, des exercices sur la formation et la dérivation des mots, mais encore ils tenaient compte des récentes découvertes de la grammaire historique et s'en servaient pour expliquer certaines particularités d'orthographe ou de construction dont la logique seule ne pouvait rendre raison. Cette nouveauté fut favorablement accueillie; aussi son succès fut-il grand. La publicité encore y aida : pour la faire connaître, ses éditeurs

en adressèrent un exemplaire, à titre d'hommage, à chaque
instituteur et à chaque institutrice; en moins de deux ans,
elle fut dans presque toutes les écoles. D'autres ne tardèrent
pas à les imiter et chaque grande librairie eut bientôt sa
nouvelle grammaire, en trois cours concentriques, conforme aux récents programmes. Citons Leclair et Rouzé, à
la librairie Belin; Berger, à la librairie Delagrave; Roche-
rolles et Pessonneaux, à la librairie Picard, etc. Toutes les
grammaires qui ont paru depuis sont conçues dans le même
plan et s'inspirent du même esprit.

Avec ces livres nouveaux, les méthodes nouvelles se pro-
pagèrent et le progrès s'accentua d'année en année. Aujour-
d'hui la réforme est accomplie, sinon absolument dans les
faits, au moins dans les idées. Le maître ne définit plus
guère les parties du discours qu'après avoir, dans une leçon
orale, multiplié les exemples qui conduisent naturellement
l'élève à trouver lui-même la définition ou qui tout au moins
l'aident à la bien comprendre. Il agit de même pour lui faire
trouver les règles d'accord ou de construction. Mais peut-être
n'applique-t-on pas assez cette méthode à l'étude de la
syntaxe, et ne marque-t-on pas assez les rapports des propositions subordonnées avec la principale, ce qui est un excellent exercice de jugement. Il est bien vrai aussi que l'étude
de la grammaire a souvent encore pour but l'art d'ortho-
graphier bien plus que celui de parler et d'écrire, qui cependant, d'après la définition, serait son objet propre. Au
moins l'objet qu'on se propose est-il nettement défini et la
voie à suivre est-elle clairement tracée. Les améliorations
qu'on est encore en droit d'attendre ne dépendent plus que
de la composition d'ouvrages réalisant mieux encore la conception idéale qu'on s'est formée, et surtout de la prépara-

tion d'un personnel enseignant suffisamment instruit et zélé pour la mettre en pratique.

Exercices. — La leçon de grammaire faite (qu'elle porte sur une définition, sur une règle d'accord ou de construction, sur l'emploi ou la suppression d'un mot), on croit généralement qu'elle a besoin', pour produire des résultats durables, d'être suivie d'exercices écrits, nombreux et variés, dans lesquels elle trouve son application. Autrefois ces exercices formaient un livre à part, accompagnement obligé du livre de grammaire; l'usage est aujourd'hui de les réunir à la grammaire elle-même et de faire suivre chaque règle des exercices qui lui correspondent. Le procédé est peut-être plus commode; mais l'exercice en lui-même a-t-il une vraie valeur pédagogique? On peut en douter. Sachant que la règle trouve son application à chaque phrase du devoir qu'il a à faire, l'élève ne manque guère de se la rappeler ce jour-là. Mais il n'en va pas de même quand l'occasion de l'appliquer se présente à l'imprévu. L'élève alors la viole souvent, non parce qu'il l'ignore, mais parce qu'il ne songe pas à l'appliquer. — Cependant ce genre d'exercices a un inconvénient plus grave encore. Le plus souvent il consiste simplement à faire remplir un vide laissé à dessein dans une phrase, par un mot que l'élève choisit sur une liste dressée à cet effet; quelquefois même il se borne à faire compléter un mot commencé; trop souvent aussi les phrases que l'élève doit achever, empruntées à l'histoire, à la littérature, aux sciences, etc., expriment des choses qui lui sont parfaitement inconnues et qu'il serait difficile de lui faire comprendre. Il est évident qu'un pareil travail ne peut avoir pour lui aucun intérêt et qu'il l'accomplit souvent sans le moindre effort de réflexion. Combien de fois ne lui arrive-t-il pas aussi de recopier tout simplement ce texte incomplet ou incorrect et d'attendre le moment de la correction pour y faire les changements qu'il comporte! Il en serait tout autrement s'il avait à composer lui-même des phrases où la règle eût son application, si l'exercice était un exercice d'invention en même temps que d'application. Ce serait alors un travail personnel qui l'amènerait à penser, à chercher, à trouver et qui éveillerait ses facultés. Mais le procédé actuellement suivi est plus commode pour le maître, qui n'a rien à chercher, et pour l'élève, qui se contente de copier machinalement, sans effort pour penser. La correction aussi peut être générale et partant facile. C'est ce qui explique la faveur dont il jouit et dont sans doute il jouira longtemps encore, quoiqu'il ne soit ni suggestif, ni vraiment éducatif.

Analyses grammaticales et logiques. — Il est certainement utile et même intéressant de décomposer les phrases en leurs éléments, d'y distinguer et d'y reconnaître chaque mot, avec sa nature et sa fonction. Analyser le langage, c'est analyser la pensée dont il est l'expression, c'est l'éclaircir et la préciser. Mais l'abus est près de l'usage et l'on arrive vite à réduire en formules mécaniques un travail qui, bien conduit, pourrait contribuer efficacement au développement des facultés de l'esprit. Ainsi en était-il avant 1870, comme en font foi les circulaires ministérielles de l'époque. Il devait y avoir peu d'écoles alors, si tant est qu'il y en eût une seule, où l'on ne trouvât de ces analyses dans la forme qu'elles critiquaient. Quel était l'écolier qui n'eût pas écrit plusieurs centaines de fois, sans l'avoir jamais bien comprise et sans profit aucun pour son intelligence, cette phrase stéréotypée : « le, article simple, masculin singulier, qui indique que le substantif X... est pris dans un sens déterminé », quand il ne disait pas « qui détermine le substantif ». Que voulait dire le mot « simple » et surtout le mot « déterminé »? Il ne le savait pas. A quoi sert d'écrire qu'un verbe est « transitif » quand on ignore le sens vrai de ce mot? La préposition marque un « rapport »; que signifie ce mot « rapport »? Il faut reconnaître que, dans les bonnes écoles, ces analyses ne se font plus et surtout qu'elles ne se font plus par écrit. On s'y contente de faire trouver aux élèves, dans un exercice oral, la nature de chaque mot et le rôle qu'il joue dans la phrase, ainsi que les rapports qu'il soutient avec les autres mots, — de leur faire distinguer les propositions principales et celles qui en dépendent, qui leur sont subordonnées, sans énumérer toutes les variétés qu'a distinguées la scholastique grammaticale. Dans les autres, et ce sont les plus nombreuses, si les analyses écrites ont diminué, elles n'ont pas disparu. Il semble qu'on n'y renonce qu'à regret : les maîtres se résignent à n'en plus faire, mais ils ne sont pas convaincus. La force de l'habitude est si grande et l'exercice était si commode! « Depuis qu'ils ne font plus d'analyse, disent-ils, les élèves ne savent plus reconnaître les mots, ni dire leur fonction. » Le savaient-ils mieux autrefois? Il est permis d'en douter. Ils récitaient un formulaire, mais n'en pénétraient pas le sens. Dès lors, où était le profit? La vérité est qu'à cette réforme on gagne un temps précieux, qui peut être mieux employé, et que l'étude raisonnée de la langue s'en trouve plutôt facilitée qu'entravée.

Conjugaisons. — Comme les analyses, les conjugaisons

écrites étaient autrefois en grand honneur; comme elles aussi, on les a supprimées, quand il eût fallu seulement les réformer. La pratique de la conjugaison aide puissamment à la correction du langage. N'est-il pas vrai que la plupart des fautes qu'on relève dans les petites compositions des écoliers proviennent d'un mauvais emploi du verbe? Ses formes sont si nombreuses et ses nuances si délicates! Et puis il est des fautes qui sont toutes locales, inhérentes au milieu dans lequel vit l'enfant : il ne suffit pas de les lui signaler, il faut les combattre sans cesse et par des exercices tout spéciaux. Des élèves disent et écrivent : « j'ai venu, tu as arrivé, il s'a coupé, nous avons sorti, etc.; c'est moi qui est, c'est nous qui sont, etc. » Il faut leur faire conjuguer : « je suis venu, etc., tu es arrivé, il s'est coupé, etc.; c'est moi qui suis, c'est nous qui étions, etc. », et ils se serviront de la locution correcte tout aussi naturellement qu'ils employaient la locution vicieuse; mais il y faut la répétition et l'habitude. Il est tout aussi naturel à un enfant, qui ne sait pas encore de grammaire, de dire : « je suis venu, nous sommes entrés », que de dire : « je suis malade, nous sommes contents ». Il en est de même du verbe pronominal, dont les deux pronoms ne l'embarrassent pas longtemps, quand une fois il a été mis sur la voie. Mais c'est surtout pour la correspondance des temps que la pratique de la conjugaison est utile. A des enfants qui ont l'habitude de dire : « si je voudrais, si je pourrais, etc. », qui ne savent pas mettre le temps convenable après les locutions conjonctives « afin que, de peur que, pourvu que, etc. », il ne peut qu'être avantageux de faire des conjugaisons, même par écrit, mais bornées à un temps, deux temps au plus, et spécialement imaginées en vue des locutions vicieuses à détruire.

Dictées. — L'exercice classique par excellence, c'était déjà autrefois et c'est encore aujourd'hui la dictée. Sitôt qu'un enfant sait écrire, on lui fait faire des dictées. Il en fait une tous les jours pendant tout le temps qu'il fréquente l'école; parfois même, à l'approche des examens, il en fait plusieurs par jour. C'est qu'aussi la dictée est la pierre de touche du savoir des candidats dans tous les examens scolaires. Pour obtenir son certificat d'études, l'élève doit avant tout faire une bonne dictée. L'épreuve de la dictée n'était-elle pas, naguère encore, éliminatoire à l'examen du brevet de capacité? On s'explique qu'on lui accorde tant d'importance. Et puis l'exercice est si commode! On prend un livre, quelquefois le premier venu; on en dicte une page; on fait épeler et l'on corrige. Les élèves sont occupés; la discipline est facile; aucune fatigue pour le maître.

Il y aurait peut être d'autres exercices plus efficaces pour faire acquérir aux enfants la connaissance de la langue française et même celle de l'orthographe. On ne remarque pas assez que la dictée est surtout une *vérification*. Parfaitement à sa place dans un examen, où il s'agit de constater ce que les élèves savent en orthographe, elle convient certainement moins comme exercice préparatoire à cet examen. Qu'on fasse faire de temps en temps une dictée aux élèves pour voir où ils en sont et pour les aguerrir, rien de mieux; mais qu'ils soient chaque jour soumis à cette vérification pendant six ans, même quand ils sont arrivés à faire des dictées sans faute, ou à peu près, il y a certainement abus.

Quoi qu'il en soit, la dictée est une tradition; avant d'essayer de la détrôner, il faudrait être sûr que les exercices qui la remplaceront vaudront mieux; et puis on romprait difficilement avec une habitude déjà presque séculaire. Donc la dictée restera longtemps encore l'exercice de français fondamental dans nos écoles primaires. Mais alors au moins faudrait-il qu'il fût bien conduit et qu'il servît le mieux possible à son objet.

« Les dictées, graduées avec discernement, analysées au point de vue des idées, du sens des mots, de l'orthographe, ayant pour objet un trait d'histoire, une invention utile, une lettre de famille, un mémoire, le compte rendu d'une affaire » : tel devrait être, aux termes de l'instruction du 20 août 1857, le fondement de la langue française dans les écoles primaires. Mais, en général, on ne tire pas de la dictée tout le parti qu'on pourrait en tirer. On a renoncé sans doute à ces dictées composées à dessein pour amener le plus de difficultés possible; cependant celles qu'on donne ne satisfont pas toujours aux prescriptions ministérielles. Trop souvent elles ne sont pas bien choisies, elles n'ont pas trait aux choses qu'il importe le plus à l'enfant de connaître, et cela, parce que le maître les tire d'un livre, les unes à la suite des autres, ou du journal que chaque semaine lui apporte; mais surtout on y voit trop un exercice d'orthographe et pas assez une étude de composition et de style. Cependant il y a sur cette matière des pratiques nouvelles qui se répandent et qui sont à encourager.

Ici, le maître donne en dictée le morceau qui a fait l'objet de la leçon de lecture. Le procédé est commode pour celui qui est seul et qui doit diriger deux cours : ce morceau étant connu n'a plus besoin d'être expliqué et un élève peut le remplacer pour en faire la dictée à ses camarades. Mais il ne peut qu'être bon dans tous les cas, parce que l'orthographe s'apprend surtout par les yeux et que les élèves, sachant que ce qu'ils lisent va faire l'objet d'une dictée, ne se préoccupent pas seulement, au moment de la lecture, de lire et de comprendre ce qu'ils lisent, mais qu'ils remarquent aussi comment les mots s'écrivent, de quelles lettres ils se composent et qu'ils tâchent de ne pas l'oublier. C'est une habitude qu'ils contractent, qu'ils gardent ensuite dans leurs autres lectures et qui ne peut qu'aider puissamment à la connaissance de l'orthographe.

Là, le maître prépare la dictée oralement avant de la donner, au moins dans le cours élémentaire, mais aussi dans les autres cours pour les mots les plus difficiles. Rien de plus raisonnable. Un élève se trouve en face d'un mot qu'il ne connaît pas. Comment va-t-il l'écrire? S'il n'y fait pas de faute, ce sera pur hasard et il n'est pas prouvé, comme il n'a fait aucun effort, qu'il le garde bien dans sa mémoire. Ne vaut-il pas mieux que le maître signale d'abord ce mot à son attention, qu'il lui en fasse chercher l'étymologie et qu'en le rapprochant d'autres mots de la même famille qui lui sont plus connus, il lui fasse découvrir à lui-même comment il s'écrit et les raisons qu'il y a de l'écrire ainsi. Au moins l'élève ne retient que des choses qui ont d'abord passé par son intelligence et il les retient d'autant mieux.

Frappés de ce fait que si des élèves ne font plus ou presque plus de fautes dans leurs dictées, l'exercice n'a pas grande utilité au point de vue spécial de l'orthographe, certains maîtres ont imaginé de recourir à un procédé imité de ce qui se fait à l'école La Martinière, à Lyon. Au lieu de faire écrire chaque phrase tout entière, ils la lisent et se bornent à faire écrire, à la craie sur une planchette, les mots qui présentent une difficulté réelle. Après chaque mot écrit, tous les élèves retournent leur planchette à un signal donné; le maître vérifie, donne les raisons; on efface et l'on passe à un autre mot. Le procédé est commode et rapide : il permet de résoudre en fort peu de temps de nombreuses difficultés d'orthographe usuelle et même d'orthographe de règles.

Enfin, la dictée corrigée, au lieu de la mise au net d'autrefois, qui était un pur exercice de copie, les élèves reproduisent les explications données au cours de la correction et spécialement le sens des mots difficiles; ce qui constitue un excellent exercice de langage et de jugement. Mais il pourrait se faire également sur la leçon de lecture : il y aurait économie de temps.

Quoi qu'il en soit, et malgré les défectuosités qu'on peut relever encore dans la pratique de cet exercice, la dictée en somme se fait aujourd'hui avec intelligence, et par la variété des sujets qu'elle permet d'aborder, elle contribue puissamment à élargir le champ jusqu'alors si restreint de l'instruction primaire. Plus qu'aucune autre matière du programme, elle peut éveiller toutes les facultés de l'esprit et favoriser leur développement.

Composition. — Pendant longtemps, l'étude de la langue française ne fut guère que l'étude de l'orthographe : on lisait, on copiait et l'on écrivait sous la dictée; mais, quant à l'idée d'exercer les enfants à exprimer ce qu'ils savaient, de vive voix ou par écrit, quant à la composition, en un mot, personne n'y songeait. On le vit bien quand, après 1870, l'institution du certificat d'études se propagea dans presque tous les départements. Il y en eut beaucoup où la composition française ne figura pas parmi les épreuves écrites imposées aux candidats et où la dictée resta la seule épreuve de français. Dans d'autres, on adjoignit à la dictée une composition d'histoire, c'est-à-dire un devoir de mémoire, et là où la composition française fut rendue obligatoire, les instituteurs manifestèrent un véritable étonnement. « Allait-on leur demander de faire à leurs élèves un cours de rhétorique? » Cependant il suffisait d'un peu de réflexion pour comprendre que la dictée n'est qu'un exercice scolaire; qu'une fois sorti de l'école, l'enfant ne fait jamais plus de dictée, tandis qu'il a continuellement besoin d'écrire des lettres de famille ou d'affaires. Aussi, malgré sa nouveauté, l'idée fit-elle assez vite son chemin, et quand les examens du certificat d'études furent officiellement réglementés en 1880, l'administration supérieure ne fit que donner la consécration à une pratique généralement adoptée, en mettant au nombre des épreuves écrites une petite composition française. L'arrêté du 27 juillet 1882, à son tour, lui assigna sa place dans les exercices scolaires et dans l'emploi du temps : composition de petites phrases avec des éléments donnés, dans le cours élémentaire; premiers exercices de rédaction sur les sujets les plus simples et les mieux connus des enfants, dans le cours moyen; rédaction sur des sujets simples, dans le cours supérieur.

Généralement, ces exercices doivent revenir deux fois la semaine.

Mais si l'utilité, la nécessité même de la composition française à l'école primaire n'est plus contestée par personne, il s'en faut de beaucoup encore qu'elle donne les résultats qu'on est en droit d'en attendre. A cela, il y a bien des causes.

D'abord, elle est récente, puisque les premiers essais ne datent guère que de vingt ans. Les maîtres qui étaient alors en exercice n'y étaient nullement préparés et la plupart de ceux qui sont entrés depuis dans nos écoles, sauf les élèves des écoles normales, n'avaient eux-mêmes reçu qu'une préparation bien insuffisante. Or un maître ne peut pas bien enseigner ce qu'il ne sait pas lui-même.

Ensuite il faut reconnaître que la pratique en est difficile. Plus que tout autre devoir, elle exige que le maître y ait songé auparavant et qu'il donne beaucoup de sa personne, s'il veut la rendre intéressante. Elle entraîne d'ailleurs, outre la correction générale faite en classe, des corrections individuelles faites à la plume en dehors des classes, c'est-à-dire une somme considérable de soins et une grande dépense de temps. Aussi est-ce elle qu'on sacrifie toujours, si un empêchement quelconque vient interrompre la série régulière des exercices.

Les maîtres non plus ne se font pas une juste idée des moyens à employer pour y réussir. Ils ne réfléchissent pas qu'on écrit comme on parle; qu'il est impossible que leurs élèves écrivent bien, s'ils parlent mal; qu'ils doivent leur apprendre d'abord à bien parler; que ce n'est pas l'œuvre d'une année ni d'un exercice spécial, mais que cette préparation doit venir de longue main et que tous les exercices de l'école doivent y concourir. C'est partout et toujours que le maître ne doit pas laisser ses élèves lui répondre par « oui » ou par « non », mais qu'il doit les forcer à exprimer leur pensée dans des phrases complètes; qu'il ne doit laisser passer aucune incorrection sans la relever, aucune construction fautive sans la rectifier; qu'il doit, en un mot, exiger un langage correct et pur. Ainsi habitués, les élèves ne seront jamais empêchés pour exprimer ce qu'ils auront à dire.

Enfin, le choix des sujets qu'on donne à traiter n'est pas

toujours ce qu'il devrait être. Longtemps on a cru qu'on
ne pouvait exercer à la composition que des élèves déjà
avancés. « Pour leur demander d'exprimer des idées, di-
sait-on, il faut attendre qu'ils en aient. » Mais dès que
l'enfant arrive à l'école, il a des idées; et il en acquiert de
nouvelles tous les jours. Ce sont ces idées qu'il faut lui
demander d'exprimer et non d'autres. Quand les sujets
qu'on lui donne à traiter sont empruntés à l'ordre des
choses au milieu desquelles il vit ou dans lesquelles ses lectures l'ont introduit, il les aborde sans étonnement et l'on
ne se plaint plus que son fonds soit pauvre ou son imagination stérile.

Il y aurait à signaler encore bien d'autres erreurs de
méthode. Il y a des maîtres qui se contentent de lire le
corrigé du sujet traité et qui le donnent à rapporter. Bon
peut-être au début, ce procédé ne peut convenir pour
amener l'enfant à réfléchir sur ses propres idées, à les
disposer avec ordre, à les exprimer en termes convenables.
Essayer de reconstituer des phrases qu'il a entendues, dont
certaines parties lui ont échappé, tandis que d'autres sont
restées présentes à son esprit, et combler les vides avec des
matériaux disparates, ce n'est pas faire œuvre d'intelligence,
c'est purement exercer sa mémoire.

D'autres, au contraire, se contentent de donner le sujet à
traiter, sans tracer ni plan ni canevas, et abandonnent les
élèves à eux-mêmes. Ceux-ci, surtout au début, se mor-
fondent et ne produisent rien qui vaille.

Mais, à côté de ces procédés défectueux, il y a aussi de
bonnes pratiques qui commencent à se répandre et qu'il
convient de signaler.

C'est avec les élèves du cours élémentaire surtout que

la difficulté paraît grande. Voici quelques moyens par lesquels on essaie de la lever :

1° Le maître dicte ou, mieux encore, écrit au tableau noir, soit à la suite d'une leçon de lecture ou d'une leçon de choses, soit comme exercice spécial, une série de questions auxquelles les élèves sont invités à répondre en s'aidant de ce qu'ils viennent de lire ou d'entendre, ainsi que des mots de la question elle-même. Si ces questions se rapportent à un objet unique et si elles ont été bien disposées, les réponses mises bout à bout et reliées entre elles par quelques conjonctions forment un tout qui est déjà une petite composition française.

2° Le maître propose quelques mots usuels et invite les élèves à faire sur chacun d'eux une petite phrase. On invente d'abord des propositions simples, puis des propositions complexes; puis on les lie entre elles. Ce n'est pas encore la composition proprement dite; mais la première difficulté est vaincue, puisqu'on sait faire une phrase, qu'un paragraphe n'est autre chose qu'une suite de phrases qui s'enchaînent, et un devoir tout entier plusieurs paragraphes ayant trait à un même objet.

3° D'autres fois, à l'aide du même procédé, mais employé inversement, il prend dans un livre de lecture le récit d'une anecdote intéressante, il en supprime les adjectifs qualificatifs, les propositions incidentes, les circonstances de temps, de lieu, de manière, etc., et il dicte le canevas ainsi réduit en y marquant les lacunes. Les élèves sont invités à les combler en retrouvant ce qui a été supprimé ou en imaginant quelque chose d'analogue.

4° Enfin il y a la rédaction sur images. Tantôt une seule image est donnée et les élèves sont invités à dire tout ce

IMPRIMERIE NATIONALE.

qu'ils voient, à émettre toutes les réflexions que leur inspire le tableau ou la scène qu'ils ont sous les yeux. D'autres fois, c'est une série d'images se rapportant à une même idée, qui se développe en action. Ainsi : *Paul le paresseux.* « Paul a de la peine à se lever le matin. Il court pour se rendre à l'école et il arrive en retard. Invité à réciter sa leçon, il balbutie. Il est retenu après la classe pour apprendre la leçon qu'il n'a pas sue. » C'est quelque chose pour un enfant que d'apprendre à suivre ainsi le développement en acte d'une idée et à saisir les rapports que les faits ont entre eux.

La matière est abondante, pourvu qu'on sache chercher, et un maître un peu curieux n'est jamais embarrassé pour trouver des sujets de rédaction appropriés, même à des élèves du cours élémentaire.

Dans les cours moyen et supérieur, la matière est plus abondante encore : il y a les anecdotes, les traits d'histoire, les descriptions, les portraits, la discussion des proverbes, la lettre, qui embrasse tous les genres, la rédaction enfin qui a pour objet toutes les matières enseignées.

Mais, quel que soit le devoir, ce qui importe, c'est qu'il soit d'abord l'objet d'une préparation orale. Le sujet est indiqué et tous les élèves sont appelés à dire comment il peut être traité, à apporter leur petit contingent d'idées. Le maître fait connaître pourquoi, parmi les idées qui lui sont proposées, il admet les unes et rejette les autres. Un élève est au tableau, qui note par un mot toutes celles qu'on retient. Quand personne ne trouve rien, ou quand on ne trouve pas ce qui convient, le maître met sur la voie par ses questions. Les matériaux réunis, il faut construire; la provision d'idées faite, il faut arrêter un plan. Ici encore on recherche en commun quelle est l'idée par laquelle on débutera, celle par laquelle on finira, dans quel ordre il y a lieu de disposer toutes les autres en vue du but qu'on se propose; en d'autres termes, on fait une matière comprenant un certain nombre de points. C'est sur ce canevas que chacun s'essaie ensuite à broder ses idées personnelles. Ainsi échauffés par cette méditation préalable et tout pleins de leur sujet au moment où ils prennent la plume, les élèves ne se plaignent plus qu'il soit stérile; ils écrivent avec facilité et abondance.

Dire que cette pratique soit en usage dans un grand nombre d'écoles, ce serait peut-être se hasarder; mais on peut au moins affirmer qu'elle est partout connue et patronnée, et qu'il ne lui manque pour se généraliser que le savoir-faire chez les maîtres et une plus grande expérience.

Enfin il est encore une innovation qui aidera singulièrement au progrès de la composition, c'est la *récitation classique*, autrefois absolument inconnue, et qui se pratique aujourd'hui dans toutes les écoles. On laisse ici de côté les services qu'elle peut rendre à la lecture, dont elle n'est qu'une forme perfectionnée; on ne veut que signaler l'influence considérable qu'elle ne peut manquer d'exercer à la longue sur le langage des enfants. L'enfant de l'école primaire trouve, dans ces morceaux qu'il apprend par cœur, des mots qu'il n'entend jamais dans sa famille et qu'il a pourtant besoin de connaître, des tours de phrase plus délicats et plus relevés que ceux de ses conversations ordinaires. Il fait ainsi, comme à son insu, une provision de mots dont il ne manquera pas plus tard de faire usage dans ses compositions. Sans doute il faudrait que ces morceaux fussent bien choisis, puisque ce sont comme des moules et des formes où il coulera sa pensée plus tard, et ils ne le sont pas toujours. Trop souvent on se trompe dans les choix qu'on fait : sous prétexte de cultiver la sensibilité, on tombe dans la sensiblerie; on veut exciter le patriotisme, et l'on glisse dans le chauvinisme; on veut donner des modèles de force et d'énergie, on va jusqu'à l'enflure et l'emphase. Trop souvent aussi ils ne sont pas suffisamment expliqués et les élèves n'en sentent pas, n'en goûtent pas toutes les beautés. Le goût est affaire délicate : on ne peut l'exiger absolument sûr de tous les instituteurs. Mais, ici comme ailleurs, de bons livres feront leur éducation et ceux-ci dès aujourd'hui ne leur manquent pas. Le livre de l'*École* de M. Lebaigue [1], la *Récitation à l'école* de M. Vessiot [2], sont des guides qu'ils peuvent suivre avec confiance.

Conclusion. — En résumé, on peut affirmer de la façon la plus catégorique que l'étude de la langue maternelle est en progrès dans nos écoles primaires. La grammaire a été mise à la portée des élèves; elle est mieux enseignée et mieux comprise. Si l'on peut regretter que les exercices d'application ne soient pas toujours bien choisis et qu'ils ne laissent pas une place assez large aux exercices d'invention, au moins les exercices cacographiques ont-ils totalement disparu. Si les analyses et les conjugaisons pourraient être mieux comprises, au moins se font-elles rarement aujourd'hui dans cette forme inintelligente et toute mécanique que les anciennes grammaires avaient consacrée. On ne trouverait plus sur aucun cahier de ces dictées arrangées en vue d'y accumuler des difficultés orthographiques; si celles qu'on donne aujourd'hui ne sont pas encore absolument ce

[1] Librairie Belin.
[2] Librairie Lecène et Oudin.

qu'on voudrait qu'elles fussent, elles sont plus conformes cependant à l'esprit des circulaires ministérielles. Enfin l'exercice de la composition française est un gain absolu, ainsi que la récitation classique, son adjuvant : les résultats obtenus sont médiocres encore; mais ils deviennent de jour en jour plus satisfaisants avec l'élévation progressive du niveau de l'instruction. Les programmes ont pu gagner en étendue, sans rien perdre en profondeur.

Autrefois étudier la langue française, c'était simplement apprendre l'orthographe; aujourd'hui c'est aussi apprendre du français. Et pour que la transformation fût complète, pour que les choses fussent vraiment mises en leur place, le français d'abord et l'orthographe ensuite, peut-être suffirait-il de supprimer à l'examen du certificat d'études l'épreuve spéciale de la dictée, la note d'orthographe résultant de la manière dont le candidat aurait orthographié sa composition française, c'est-à-dire ses expressions à lui, celles qu'il connaît et qu'il emploie. Tenir les examens, c'est avoir la direction de l'enseignement. Le moyen d'assurer à la composition, à la rédaction, comme on voudra l'appeler, la place qu'elle devrait avoir dans les écoles, c'est de lui donner la place prépondérante, la première, dans les examens qui tendent à devenir de plus en plus le couronnement des études primaires.

TABLE DES MATIÈRES.

CHAPITRE PREMIER.
DE L'ENSEIGNEMENT DE LA LECTURE.

CHAPITRE II.
DE L'ENSEIGNEMENT DE L'ÉCRITURE.

CHAPITRE III.

DE L'ENSEIGNEMENT DE LA LANGUE FRANÇAISE.

www.ingramcontent.com/pod-product-compliance
Lightning Source LLC
LaVergne TN
LVHW020949090426
835512LV00009B/1795